JN438711

아버지의 우물

아버지의 우물

김복임 수필집

수필과비평사

| 발 간 사 |

베틀에 앉아 엄마가 부르던 노래, 세상을 떠나기 전 어머니가 부르시던 노래를 적어둔 노트를 잃어버렸다. 아무리 뒤져도 그 노래들은 날아간 새처럼 보이지 않았다. 잊으려고 할수록 그 노래 첫 소절과 끝부분이 생각나며 나를 힘들게 했다. 가려운 곳을 긁고 싶은데 손이 닿지 않듯 어머니에 대한 기억은 그렇게 마음을 간지럽혔다.

40대 후반 삶이 저리도록 슬펐다. 산후 우울증과 합병증을 앓으며 아버지를 떠나보내야 했다. 아버지 장례식에 고향에 왔던 날, 꽃상여는 뒷산을 오르고 상여소리는 내 귀에서 멀어져 갔다. 아버지 영혼이 떠나간 산천을 둘러보는 순간 찬란한 봄이 시작되고 있었다. 자연을 사랑하셨던 아버지가 평생을 사셨던 고향. 형언할 수 없는 여러 생각이 지나가고 있었다. 이 생각들을 잡고 싶은데 내 기억공간은 한계가 있었다. 내가 글을 쓴다면 가능할 것 같았다.

아버지는 가셨지만 그나마 아버지의 삶은 내 슬픔을 위로하고 있었다. 들녘에 서 있는 한 그루의 나무처럼 사셨던 아버지는, 비누도 잘 쓰지 않고 치약 대신 소금으로 이를 닦으셨다. 물을 맑게 흘러보내야 한다는 지론을 가지고 사신 분이다. '아버지는 자연처럼 사시다 그곳으로 가셨구나' 하는 평안이 내 마음을 위로했다.

내 고향 사월은 새순이 꽃처럼 움터 나는 곳
내 고향 사월은 진달래 향기 구름처럼 피어나는 곳
실개울이 흘러 흘러 물방아 돌아가던 곳
그곳에 다시 물방아 지어 나 돌아가 쉬고 싶은 그곳

처음으로 가사를 적고 곡을 붙여 불러보니 노래가 되었다. 이 노래가 완성된 후 내 마음 깊이 잠재되어 있던 알 수 없는 억압, 슬픔, 고통 이런 것들이 사라지는 것을 느끼게 되었다.

글을 쓴다는 것은 보이지 않는 억압으로부터 내가 해방되는 것이다.

목차

1부

베키오 다리 위에서

2부

들녘에 서서

3부

반달

4부

아버지의 우물

1부

베키오 다리 위에서

베네치아

마지막 기차를 놓칠 수 없다. 숨이 턱에 차도록 뛰었다. 피렌체에서였다. 산타루치아 역에 도착해 두 딸과 함께 배를 타고 베네치아 본섬에 도착했다. 눈부신 오월의 햇빛이 물의 도시를 비추고 있다. 작은 이층집 모양의 호텔은 잘 꾸민 가정집처럼 편안해 보인다. 여행객을 위해 편안하게 가방을 옮길 수 있도록 엘리베이터가 설치되어 있었다. 예쁜 방에는 바다 빛 커튼이 실용적이면서 멋스럽다.

바다가 보이는 골목 노천 레스토랑에 세 명이 앉아 2인분의 식사를 주문해도 친절하기만 한 매니저가 고맙다. 2인분만 주문하다보니 남기는 음식 없이 깨끗이 먹을 수 있고 경비도 절약할 수 있어 기분까지 좋으니 일석삼조가 아니겠는가. 거기에다 이번 여행 중 맘먹고 체중을 감소하고 싶은 내 속내가 다분히 들어있다.

맛있게 보이는 음식을 먹으려는 순간 속이 메스껍기 시작하며 뱃멀미보다 심한 어지럼증이 일어나기 시작한다. 숙소로 돌아와 딸들만 산책을 보내고 침대에 누워 안정을 취했다. 무리한 탓이다. 피렌체에서 역까지 뛰고 며칠간의 여정이 체력의 한계를 드러내고 있다. 한번 나온 김에 여러 곳을 다니고자 하는 욕심이 화를 부른 것 같다. 왜 이곳이 오고 싶었을까.

소녀시절 읽은 셰익스피어의 희곡 '베니스의 상인'에서 이곳을 기억하고 있었을까. 별빛이 쏟아지는 푸른 하늘을 보며 흔들리는 곤돌라에 앉아 이태리 남성의 매력적인 노래 소리를 듣고 싶었을까. 다행히 저녁이 되니 컨디션이 조금 회복되는 듯하다.

가뭄에 축 쳐진 풀 같은 엄마에게, 밖에서 돌아온 딸들이 엄마가 회생했으니 노래를 한곡 부르란다. 어지럼증의 여운이 남아있어 조심스레 일어나 앉았다. 때맞춰 부른 노래가 윤심덕이 부른 "사의 찬미" '광막한 광야를 달리는 인생아, 너는 무엇을 찾으려 왔느냐.' 제법 분위기를 잡고 부르다 끝부분의 가사 '돈도 명예도 사랑도 다 싫다'를 '다 좋다' 로 개사를 해서 부르니 두 딸은 박수치며 웃고 야단이다. 딸들을 다시 내보내고 바다 건너 아름다운 성들을 바라본다.

살다보면 병원에 입원도 할 수 있는데 베네치아에서 하루 쉰다고 대수냐 쉽다. 일에서 떠나 자유를 누려 보는 일이 몸이 지쳐 눕기 전에 미리 예방하는 일일 수도 있다. 일에 중독되어 헤어나지 못하면 불안감에 삶의 균형이 무너지기도 한다. 휴대폰 소리는 환청처럼 울려대는데 이럴 때 일상을 탈출하는 일은 신비한 묘약이다. 하지만 떠난다는 건 쉬운 일이 아니다. 경제가 허락할 때에는 시간이 여의치 않고, 모든 일이 완벽할 때 여행을 한다는 것은 허상이다.

딸들이 다시 들어와 운송수단에 대한 얘기를 들려준다. 거리에 차는 한 대도 없다는 것, 바다를 운행하는 배가 운송수단이라는 것, 거리에 차가 없으니 마음이 여유롭다고 한다. 무엇을 찾으려 베네치아에 왔을까. 몸이 피곤하니 모든 일이 무의미하다. 바다 너머 뾰족한 성, 그림엽서에

서 보았던 풍경들, 곤돌라에서 부르는 가슴 설레게 할 것 같았던 노래, 모든 게 공허하다. 하지만 지친 몸과 마음을 쉬며 바다에 매어놓은 곤돌라의 흔들림을 보는 것도 위로가 되는 일이다.

바다 너머 건물들이 오래된 그림처럼 다가온다. 딸들이 결혼하면 이런 오붓한 시간을 가질 수 있겠는가. 세월이 흐른 후 베네치아의 수채화 같은 풍경은 나를 위로하리라. 다행히 저녁이 되니 어지러움도 가라앉고 일어설 만하다.

산마르코 광장, 활기찬 사람들의 모습이 보인다. 이곳은 중세시대부터 가면 축제로 유명한 곳이다. 서민이나 귀족들이 서로의 신분을 숨기고 마음껏 속마음을 쏟아 내었지 싶다. 삶이 힘이 든다고 느껴질 때 가면을 쓰고 마음껏 노래할 수 있는 산마르코 광장이다. 카페와 레스토랑에서 피아노 3중주가 연주되고 다른 곳에서는 성악, 관악 등 다양한 연주가 흥겨운 분위기다.

남성 이중창으로 부르는 '푸니쿨리푸니쿨라' 는 우리나라에서도 많이 불리는 밝고 활기넘치는 나폴리 노래다. 그 노래에 얽힌 재미있는 얘기가 있다. 1880년 9월 나폴리 동쪽 12km 떨어진 베수비오 화산에 처음으로 케이블카를 개통했을 때, 아무도 케이블카를 타려는 사람이 없자 이 곡에 재미있는 가사를 붙여 부르고 난 후 유명한 관광지가 되었다고 한다. 밝고 활기에 넘치는 곡과 가사 내용이 재미있다.

> 올라가자. 자, 가자. 지상에서 산 위에까지 이내 닿는다. 프랑스도 프러시아도 보인단다. 그리고 나는 너를 본다, 가사는 몰라도 그냥 '푸니꿀리 푸니꿀라'

신나는 노래를 부르다 보면 금세 마음이 유쾌해지며 몸을 흔들게 된다. 그러고 보니 베니스에 춤을 추러 왔구나. 산을 오르는 케이블카를 타는 기분으로 흥에 겨워 몸치인 내 자신을 잊은 채, 누가 나더러 춤을 추라고 하는 사람도 없건만 리듬에 따라 춤을 추고 있다. 낯선 곳에서 누릴 수 있는 담대함이다. 음악에 취해 이쪽 저쪽 옮겨가며 그 나라 문화를 누려본다.

나폴레옹이 세상에서 가장 아름다운 응접실이라고 불렀던 산마르코 광장에서 무아지경으로 춘 춤은 나만이 아는 춤이리라. 나를 위해 수고한 내 몸을 위로하는 치유의 춤이다.

보히니 호수

저물녘 호수의 끝자락은 원근법의 대비가 극대화된 그림처럼 아득하게 펼쳐진다. 뒤뚱거리며 다가오던 오리 떼도, 형형히 빛나던 수면 위의 물빛도, 어둠 속으로 침윤되어 가고 있다. 장엄한 음악의 여운처럼 주위의 풍광을 감싼 호수는 깊은 안식에 들었다.

오월 중순의 새벽 날씨는 제법 쌀쌀하다. 방한복을 입고 나뭇잎이 흔들리는 오래된 숲으로 나갔다. 고운 모래가 투명한 물속에 몸을 숨기고 있는 여인의 속살처럼 살며시 모습을 드러내고, 고요한 수면 아래로 물고기 떼가 그림자처럼 헤엄치고 있다.

숲속을 빠져 나간 그이가 갑자기 달리고 있다. 달려가는 그이를 부를 여유도 없이 그와의 간격은 멀어지고 있다. 그의 뒷모습을 바라보다 언젠가 어머님께 들은 그의 소년 시절 얘기가 떠오른다. 아침에 일어나면 누가 시키지 않아도 집안을 둘러보고 밭에 풀이라도 매고 들어와서 보리밥 한 두 숟갈을 급하게 먹었다거나, 학교 늦겠다고 걱정하는 어머니께, 달려가면 지각하지 않는다고 안심시키던 얘기가 그의 등 뒤에서 스멀거린다.

어린 동생들 뒷바라지, 밭농사에 여념이 없던 어머니께 또 하나의 손이었다고 하시며 눈언저리가 촉촉히 젖곤 하셨다. 그이의 등을 거칠고 투박한 어머니의 손이 토닥이고 있는 것 같다. 그 자리에 서 있고 싶은 나, 달리고 싶은 그이는 새로운 세상을 바라보고 있다. 달리는 그를 멈추게 할 수가 없다. 나도 모르게 그를 따라 달리기 시작했다. 만일 그를 떠나보내고 이곳에 혼자 남는다면 솔베이지처럼 그를 기다리며 살 수 있을까. 바람처럼 지나가는 생각이다.

겨울이면 이 호수는 눈부시게 반짝일 것이다. 희고 고요한 세상, 총총히 빛나는 별빛, 트라글라브 설산 위로 반달이 떠오르면, 연을 날리고 있는 소년에게 씽긋 웃을 것 같은 반달, 시리고 고달팠던 그의 소년 시절이 아름다운 호수 위로 되비쳐 그의 은발처럼 빛날 것이다.

슬로베니아의 최고봉 트라글라브(2,800m) 산봉우리에 만년설이 희게 빛나고 있다. 최고봉을 중심으로 위엄있게 서 있는 준령들이 늠름하다. 설산에서 흘러온 물줄기들이 평화로운 여정을 즐기며 멈추어 버린 시간처럼 누워 있다. 동녘이라 생각했던 반대쪽에서 해가 솟아오르고 있다. 낯선 곳에선 자주 방향감각을 잃는다. 호수 오른쪽으로 목가적인 마을이 보이기 시작한다. 흐드러지게 피어있는 보랏빛 꿀풀, 노랑 미나리아재비, 피빛 같은 엉겅퀴, 들꽃들의 향연에 초대된 요정처럼 들판에 누워 버렸다.

일행들과 함께 출발할 시간이 얼마 남지 않아 걱정이 되어 그이를 탓하고 있을 때, 언제 나타났는지 그이가 옆에 누워 있다. 평소 말수가 적은 그이가 아이처럼 명랑하다. 마을 한 바퀴를 돌고 온 그이는 할 얘기가 많다. 다녀온 마을을 보여주고 싶어 하는 그이를 따라 마을로 향했다. 담도 없는 마당에 장작더미가 예술품처럼 쌓여있는 아래채, 연기에 그을린 검은 굴뚝이 옛 고향마을의 정취를 떠올리게 한다. 듬직한 체리나무들이 장밋빛 체리 열매를 주저리

주저리 매달고 있다. 누군가 잘 익은 체리 한 바구니를 들고 나올 것 같은 오래된 골목의 정경은 삶의 여정에 청량제로 쓰일 것이다.

율리안 알프스의 진주 보히니 자연 호수에 머물던 작은 물방울들은 생의 여정을 누리다 가야 할 길을 향해 미련없이 떠나고 있다. 저 먼 다뉴브를 향해. '붉은 노을은 꽃 바다 이루고 지저귀는 새 여기가 다뉴브,' … 루마니아 작곡가 이바노부치의 "다뉴브강의 잔물결" 주제가 떠오른다.

짧은 우리의 생 앞에서 무한한 생을 사르고 있는 자연 앞에 마음의 액자 하나 건다.

터키 포플러

보스포러스 해협을 뒤로하고 리무진은 움직이기 시작한다. 장장 3,500km가 넘는 먼 길을 돌아 다시 이스탄불로 돌아오는 여정이다.

'실크로드' 인류 최초의 길이라는 비단길을 따라가다 보면 대상들의 숙소였던 마을이 아스라이 보이기 시작한다. 가이드의 설명과 애련한 음악이 흐르고, 멀리 보이는 실크로드는 먼 길을 떠나는 대상들의 행렬과 포플러가 마치 숙명처럼 어울리는 그림으로 펼쳐진다.

밀농사가 끝난 대지 위에는 밀 그루터기가 아직도 노랗

게 보여 새로운 작물이 자라는 것처럼 보인다. 풍요로운 땅에는 목화밭이 무궁무진하게 펼쳐지고 있다. 그곳이 얼마 전에는 해바라기가 피어 있던 평원이라고 하니 아직도 대지가 노랗게 물들어 있는 것 같다. 계절에 따라 튤립, 아네모네 등 다양한 식물을 심는 땅이라 어느 계절에 와도 아름다운 풍광을 기대할 수 있는 곳이다.

잠시 눈을 감고 있었을 뿐인데 잠을 잔 것 같다. 민둥산에는 화산석이 기묘한 모습들로 서 있다. 그 아래로 마을이 보인다. 보이는 마을마다 작은 모스크와 첨탑이 솟아있다. 모스크 외에는 볼 수 없는 것이 교회와 성당이다. 눈에 익은 포플러 나무들이 차창 밖으로 아스라하게 줄지어 서 있다. 10월 하순인데도 아직 푸른 잎을 드리우고 하늘로 뻗은 가지와 무수한 잎들은 환상적인 춤사위를 보여준다.

가도 가도 끝없이 펼쳐진 포플러 군락은 어린 날 고향 신작로에 줄지어 서 있던 포플러 나무들과 닮았다. 큰 키를 세우고 무장한 병사들처럼 학교 가는 길목을 지키던 나무들, 내가 중학교 때 전학을 가던 날, 그 키 큰 나무들은 몸을 흔들며 나를 배웅했었다. 훌쩍 커서 고향을 찾았을 때 베어지고 없던 먼 그리움의 나무들.

고원으로 올라갈수록 황금색 반짝임으로 이방인을 맞이

한다. 도열하듯 서 있는 저 무수한 나무들은 누구를 기다리고 있을까. 모네가 아나톨리아 고원의 포플러를 보았다면 어떻게 표현했을까. 에프트 강가의 포플러는 노을빛에 반사되어 붉게 빛나고, 차창 밖으로 보이는 나무들은 긴 호흡으로 임무를 수행하느라 술렁이고 있다. 우리나라 가을의 속도는 시속 1km라 하는데 이곳의 속도는 얼마나 될까. 위도가 우리나라 서울과 같다고 하니 서울에 포플러 나무가 있다면 이런 빛일까.

잎이 떨어진 나무 둥지는 오래된 유물처럼 희게 빛나고 잔가지는 마치 생선뼈처럼 허연 빛을 드러내고 있다. 잎을 모두 떨구어 낸 회색 나무 둥지의 정갈함은 내 마음에 자리하고 있는 많은 것을 내려놓으라고 채근하고 있는 것이리라. 비단길에서 토로스 산맥에 다다를 때까지 연둣빛에서 노란빛으로 마지막 흰 수피까지 드러내 보이며 눈에서 마음으로 물들던 정경들이 떠나지 않는다.

회색 모스크의 나라 지중해와 흑해, 마르마라해가 둘러싸인 반도의 나라. 알라만이 존재할 것 같은 먼 나라지만, 이렇게 그리움으로 남는 건 시리도록 아름다운 포플러 나무의 고요한 풍광이 나를 향해 손짓하고 있기 때문이다.

'여보게, 모든 이론은 회색이고, 영원한 것은 저 푸른 생명의 나무 뿐이라네.' 괴테의 파우스트에 나오는 말이 실감나게 다시 들려 오는 듯하다.

오염되어 가는 지구 곳곳에 청량한 바람을 보내고 있을 아나톨리아 고원의 포플러, 그 나무들을 생각하면 슬퍼지려는 마음을 달랠 수 있다. '나무 외의 것은 생각하지도, 되려고도 하지 마라' 며 서로를 위무하는 듯 내 마음을 쓰다듬는 나무들의 수런거림이 들려온다. 어쩌면 뽑혀나간 우리나라의 포플러 나무처럼 잃어버린 내 마음을 다시 세우는 일이 여행이다.

삶의 여정에서 생긴 생채기를 치유하기 위해 새로운 여행을 준비하고 있는 일이 나의 삶인지도 모른다.

히말라야시다(백향목)

안나푸르나. 오래 전부터 이 산 이름을 들으면 가슴이 두근거렸다. 그러나 풍요의 여신이라는 이름을 가진 그 산을 향해 뚜벅뚜벅 걸어갈 용기가 나지 않는다. 그 산은 나에게 아직 길을 허락하지 않기 때문이다. 웅혼한 기상과 순수 무구한 영체를 지닌 그 산을 마주할 자신이 없다고 얘기하는 것은 갈 수 없음을 애써 위로하는 핑계다. 언젠가 안나푸르나를 바라보고 오겠다는 마음을 품고 있다.

산이 있는 동네를 물색하다 엄광산 아래 대신동에 살게 된 지도 10년이 지났다. 사업장이 진구 가야에 있다 보니 구덕터널을 지나 출근하고 또 그 터널을 통과해서 집으로 돌아온다. 어느 겨울 퇴근길이었다. 터널을 지나 약간의 내리막길을 내려오다 눈앞에 펼쳐진 풍경에 차를 멈출 뻔했다. 마치 내가 안나푸르나 설산에 서 있는 것 같은 착시현상이다. 바로 구덕운동장 뒤편에 서 있는 몇 그루의 상록수가 안나푸르나 영봉을 바라보는 느낌으로 다가왔던 것이다.

검푸른 나뭇잎들은 고요히 흰 눈을 머리에 이고 침묵하듯 서 있었다. 오래 전부터 이 나무가 자라고 있었지만 이제야 그 모습을 보게 된 것이다. 구부러진 가지는 큰 품으로 섬세한 잎을 매달고 나무 우듬지는 흰 눈을 머리에 이고 서 있다. 설송이라는 뜻을 알 것 같았다. 큰 둥지는 곧게 서 있지만 가지들은 자유분방한 조형물처럼 우람한 모체를 돋보이게 한다.

한가한 저녁이면 운동장을 향한다. 소풍가는 아이처럼 나무를 만나러 간다. 더위의 절정, 중복을 지나고 있는 저녁이다. 오랜만에 구덕운동장에 들어서니 걷기운동에 열중인 사람들의 발걸음이 활기차다. 경기에 출전하는 선수처럼 사람들의 대열에 서서 함께 걸어본다. 멀리 엄광산과 구덕산이 나와 함께 트랙을 돈다.

운동장 뒤편에는 나무들이 수런거리듯 흔들리고 있다. '히말리야시다'라는 이름의 나무 등걸이 꺼칠꺼칠하다. 풍상을 견뎌온 흔적 같다. 일제 강점기에 심어진 나무일 수도 있다. 어쩌면 광복을 축하하기 위해 먼 히말라야에서 우리나라에 온 나무일 수도 있다. 나무를 안아보니 족히 세 아름이 넘을 것 같다. 먼 이국땅에 와서 이름 하나 불러주는 이 없이 얼마나 외로웠을까.

원산지인 히말라야산맥이나 레바논산맥에는 수령이 2~3천 년이나 되는 나무들이 많다고 한다. 나무에 기대어 서서 나무와 교감을 나누어 본다. 참으로 짧은 세월을 살다가는 나의 삶과 비교가 된다. 나무는 생명을 이어나가며 껍질이 거칠고 투박하게 변해간다. 하지만 잎은 청청하게 빛나고 있다. 눈이 거처한다는 이름처럼 눈을 머리에 이고 있을 때, 더욱 고결한 모습이다.

솔로몬 왕이 성전을 지을 때 사용했던 레바논의 백향목이라는 나무가 히말라야시다라는 것을 알고부터 예사롭게 보이지 않는 나무다. 다윗 왕이 솔로몬에게 성전을 짓도록 당부했을 때 솔로몬은 레바논의 백향목을 생각했을 것이다. 백 가지의 향을 지니고 있을 나무 아래 서서 솔로몬의 지혜를 구해 본다면 무슨 얘기를 할까.

우람한 우듬지를 펼치고 기도하듯 서 있는 나무에게 어떻게 사는 게 지혜로운 삶일까 물어본다. '서두르지 말고 묵묵히 살으렴' 나보다 나를 더 잘 아는 듯 은밀하게 들려주는 몸짓이다. 만일 나무에게 자유의지가 주어진다면 안나푸르나가 보이는 언덕으로 가고 싶을 것이다.

그 옛날 지혜의 왕 솔로몬이 레바논 산맥에서 뗏목을 만들어 지중해로 운반해 성전을 지었던 백향목. 지금도 레바논 산맥에 정정하게 서 있을 나무를 상상해 본다. 높이 40미터 이상 자라고 폭이 3미터 이상 자라는 백향목을 칭송한 글이나 인용한 글이 성경에 많이 나온다. 시편 92편에는 '의인은 레바논의 백향목 같이 성장하고, 늙어도 여전히 결실하며 진액이 풍족하고 빛이 청청하다.'고 칭송한다.

백양목을 보면 백발이 성성해도 지혜의 샘이 마르지 않는 유현한 노년을 그리게 된다. 구덕운동장에 세계 3대 공원수이기도 한 히말리야시다를 심은 선견에 찬사를 보낸다. 요즘 구덕운동장 개발에 대해 논의가 뜨겁다. 개발에 밀려 귀한 나무를 잃어버릴까 미리 염려가 된다. 나무를 잘 보존하는 일은 문화대국으로 가는 길이다.

고요한 저녁이다. 검푸른 나무를 쳐다보고 있으니 안나푸르나 마차푸차레 물고기 꼬리모양의 영봉이 보이는 듯하다.

베키오 다리 위에서

피렌체 아르노 강이 침묵하듯 흐르고 있다. 이탈리아의 위대한 시성이자 불후의 명작 신곡을 쓴 단테가 거닐고 바라보았을 이 강은 그의 믿음과 영혼이 살아 숨 쉬고 있는 곳이다.

9살에 아버지를 따라 귀족들의 파티에서 8살의 베아트리체를 처음 만난 순간부터 운명적인 사랑을 느낀 단테, 18세 때 우연히 베키오 다리 부근에서 스치듯 그녀를 다시 만났다고 한다. 이루지 못한 두 사람의 영혼이 머물고 있을 강을 바라보는 마음이 애수에 젖는다.

두 딸은 우피치 미술관으로 향하고 오래된 다리 위에 혼자 남았다. 노을이 물들 때까지 강 주위를 산책하기로 했다. 도시를 여행할 때 그 도시를 흐르는 강물을 바라보고 싶다. 그 강가에서 바라보는 정경이 마음에 오래도록 남기 때문이다.

꽃의 도시라고 부르는 피렌체는 도시 전체가 미술관이라 해도 과장된 표현이 아니다. 르네상스를 꽃피우게 한 많은 예술가들이 활동한 흔적들이 곳곳에 살아 숨 쉬는 예술의 도시답게 품위가 깃들어 있다. 미켈란젤로 언덕의 꽃향기가 풍겨 오는 듯 바람결이 향기롭다. 오월의 미풍은 단테의 세레나데처럼 감미롭고, 새들의 노랫소리는 베아트리체의 화답송처럼 은은하다.

다리 위에서 눈빛이 깊은 여인과 마주쳤다. 핀란드에서 왔다는 그녀의 스카프 색깔은 핀란드 하늘빛을 닮았다. 마주치는 사람과 스스럼없이 웃을 수 있는 곳, 한 번쯤 긴장을 풀고 허허롭게 웃을 수 있는 것이 여행의 묘미다. 긴장된 신경이 느슨해지기도 하는 것이 여행이다.

베키오 다리 위에는 귀금속 매장이 즐비하다. 휘황찬란한 윈도우 앞을 지나가며 나에게 필요치 않는 물건이라 자위하며 무심한 척 바라보다, '무념무상의 경지를 잊지 말라.'는 막내딸의 당부가 귀에서 맴돌아 정신이 번쩍 든다. 매장 점원의 윙크 한 번에 매장 안으로 빨려 들어갈지도 모르기 때문이다. 반짝이는 윈도우 앞을 곁눈질하며 지나가는 일도 쉽지 않다. 다리를 지나 닳고 닳은 돌길을 따라가다 보니 쇼 윈도우 안에 구두가 눈에 들어온다. 베이지색에 멋스러운 리본까지 원피스에 잘 어울릴 것 같은 구두다. 나이 지긋한 은발의 여인이 친절하게 맞이한다. 은발의 여인에게 산 구두를 들고 다리 위에 앉았다. 저녁노을이 강 끝자락에서 물들기 시작하자 피렌체 시내 곳곳에서 피부 빛이 다른 사람들이 노을을 감상하기 위해 다리 위로 모여들었다.

노을 진 서녘 하늘엔 누렇게 익어가는 광활한 밀밭의 풍경이 펼쳐지고 있다.

황금빛 하늘 끝자락에 붉은 옷소매처럼 이어지는 아르노강의 노을은 절정에 이른다. 불현듯 엄마의 얼굴이 떠오른다. 아름다운 풍경이나 맛있는 음식을 대할 때 그리운 사람이 떠오르는 것은 본능일까.

내가 이십대 초반일 때다. 작은 오빠의 사업 실패로 엄마는 고향에서 재산 정리를 하고 부산으로 이주해 화전민처럼 살던 때였다. 철이 덜 든 나는 불난 집의 가재도구를 바라보듯 마음 한구석은 늘 잿빛이었다. 그러나 엄마는 객지 생활의 고단함을 내색하지 않고 씩씩하게 사셨다.

엄마는 초읍에서 사직동 넘어가는 고개에 있는 양계장에서 계란을 머리에 가득이고 소매상에 배달해 주는 장사를 하면서도 늘 당당하셨다. 계란을 머리에 많이 이다 보면 무겁기도 하지만, 조심스럽게 다루지 않으면 깨어지기 쉬운 물건이라 얼음판 위를 걷듯 조심스러웠을 순간들이 얼마나 많았을까. 심장이 약하고 향수병까지 앓고 있던 나약한 딸이 언감생심 바이올린을 배우겠다고 하니, 걱정이 한두 가지가 아니었을 것이다. 그러나 엄마는 미끄러운 얼음판을 두려워하기보다 미끄러질 각오로 삶에 도전했었다.

고단한 삶의 징표처럼 엄마의 발은 엄지발가락 밑에 뼈가 튀어나오는 무지외반증 증세가 심해지고 있었다. 무거운 계란을 많이 이다 보니 고달픈 발이 화가난 듯 했다. 점차 혹처럼 커지는 그 발을 애써 외면하고 싶었다. 오랜 세월이 지나 그 계란의 무게를 셈해 본다. 그 시절 내가 즐겨 입었던 물방울 무늬 원피스 위로 동그란 계란들이 겹쳐지며 허공으로 날아간다.

엄마는 일손을 놓은 후 시골에서 몇 년을 지내시다 뇌경

색으로 쓰러지셨다. 그 무렵 우리 집에서 잠시 요양을 하시며 함께 지냈는데 나만의 독립적인 사업을 시작하던 때였다. 자연성 화장품과 건강기능식품 지사를 운영했었다. 내가 밖에서 돌아오면 엄마는 하루 일과를 묻곤 하셨다. 누가 강요한 것은 아니지만 좋은 제품을 사람들에게 알리고 싶은 마음에 열심히 다니며 홍보를 하던 때였다. 그날 일을 업무보고하듯 얘기하면 "대단하다!" 하며 본인 발을 닮은 내 발을 만지며 "황금 발"이라 이름 지어 주셨다.

잃어버린 재물에 연연하지 않으며 여장부 같은 성품이셨던 엄마는 그 지난한 객지 살림에도 사촌 오빠들이 부산에 오면 우리 집에 함께 살다 분가시키곤 하셨다. 어느 날 우연히 본 엄마의 정수리 위에는 무거운 짐에 시달린 외상 탓인지 피멍이 작은 지도처럼 자리잡고 있었다. 그 머리를 바라보던 마음에 푸른 멍이 드는 것 같은 어느 날, 바이올린과 씨름하던 내 턱밑에도 퍼런 멍이 들고 있었다.

거동이 힘들어 누워 계실 때 내가 가르쳐 드린 찬송 "저 건너편 강 언덕에 아름다운 낙원 있네. 믿음으로 그곳에 가겠네."라는 찬송을 자주 부르시다 평안히 눈을 감으셨던 엄마. 노을 속에서 인자하게 웃으며 "황금발아!"하며 나를 부르고 있는 것 같다. 엄마가 지어준 '황금발' 이라는 이름에 걸맞게 살고자 했던 내 발도 엄마 발을 닮아가고 있다.

미술관을 다녀온 두 딸이 내 옆에 다가와 서 있는 줄도 모르고 노을빛에 내 눈은 물들고 있었다.

색으로 기억하는 고향 1

첫 기억의 꽃. 수수를 틔워 놓은 것 같은 그 꽃은 알 수 없는 평안과 미소를 주는 꽃이다. 그 꽃을 흰 싸리꽃이라 불렀다. 그 나무는 키가 크게 자라지 않고 덤불로 무리 지어 아담스레 피는 꽃이다. 바람이 불 때면 안개가 바람을 따라 흐르듯 싸리꽃의 춤사위는 몽환적이다. 유년의 담장에 심어져 흔들리고 있었던 다감한 꽃.

사전에는 이팝나무라고 하지만 나는 아직도 싸리꽃이라 부른다. 옛날에는 어사또의 머리에 꽂아주는 꽃이라 어사화라고 부른다. 조금 철이 든 후 화투장에서 본 흰싸리꽃은 별 볼 일 없는 꽃으로 인식되어 잠시 허망한 마음이 들기도 했던 꽃이다. 싸리꽃은 언덕이나, 높지 않은 산에 자라며 사람들 옆을 지키는 꽃이다. 강산이 몇 번을 지나 고향으로 돌아와 산밑에 집을 지었다. 언덕 아래를 내려다보니 먼 그리움의 꽃이 하늘거리고 있다. 오래전 첫사랑 같은 문학단체의 이름이 '싸리골 피는 언덕'이라고 불렀던 그 꽃이 아닌가. 싸리꽃은 아버지 손을 잡고 뒷산을 오르며 처음 마주한 꽃이라 그럴까, 그 흔들리는 그림은 아버지를 닮았다. 미려한 퉁소 소리와 어울려 잔잔한 춤사위를 보여주는 꽃. 학명으로는 그 꽃을 이팝꽃으로 불리는데 별로 정감이 가지 않는다.

그 꽃이 필 때쯤이면 언덕을 오르내리며 싸리꽃과 눈맞춤을 하는 시간이 참 따스하다.

또 얼마나 지나면. 층층나무꽃이라 부르는 아름드리 꽃이 산 위에, 산 아래에서 피어나기 시작한다. 하얀색의 풍성한 꽃을 매단 나뭇가지는 평평하게 넓은 마루 같은 분위기를 이룬다. 한층 한층 탐스러운 꽃을 피우는 모습이 후덕한 인심을 가진 꽃이다. 오빠 집 입구에 자라고 있는 층층나무꽃은 오래전 아버지가 심은 나무라는 것을 알았다. 그 나무에 정감이 가는 건 아버지의 마음이 그 나무에 깃들어 있는 것 같다. 가슴에 꼭 껴안아 보니 아버지의 심장 소리가 내게 전해지는 것 같다. 넉넉한 마음을 지니고 사셨던 아버지를 생각하면 층층나무가 떠오른다. 층층나무꽃과 쌍벽을 이루는 아름드리 백당나무꽃을 구별할 수가 없었다. 몇 번을 살펴보고 난 후 두 나무를 구분하게 되었다. 층층나무잎은 아이 손을 닮은 타원형이고, 백당나무꽃은 수국을 닮아 가장자리와 가운데의 꽃 모양이 다르다. 층층나무는 잎이 하트 모양이고 꽃 모양이 같다.

때죽나무꽃도 하얀색이다. 아주 작은 종을 매달고 하늘을 바라보는 일이 얼마나 힘이 들었으면, 고개를 떨구고 속죄하는 마음으로 끝내 땅을 향해 기도하는 겸손한 꽃이다. 푸른 하늘 흰 구름, 하늘의 별과 달이 궁금하지도 않았을까. 벌 나비가 날아와서 속살거려도 요지부동이다. 오직 땅만 보고 흔들릴 뿐이다.

오래전 무심히 피어 인정을 나누는 작은 종을 닮은 그 꽃을 들고, 그 이름을 알아보려고 많은 이들에게 물었다. 고개만 흔드는 사람들이 대부분이었지만 그 이름을 아는 이가 있었다

오늘 본 때죽나무꽃은 새로운 세상을 열고 있었다. 맑은 종소리를 울리며 하늘을 날고 있는 모습은 분명 다시 태어

나고 있었다. 흰 피를 흘리며 새로운 별로 태어나는 때죽나무꽃은 두 번 피는 꽃이다.

봄에 피는 꽃들은 샘물에 담긴 구름을 닮았다. 부모님이 입으시던 흰 무명 옷빛을 닮은 먼 그리움의 꽃이다.

발칸반도

발칸반도가 아직도 마음을 흔들고 있다. 아름다움과 슬픔이 일렁이는 발칸. 터키어로 '푸른 산맥'이라는 삼면이 바다를 접한 반도, 디나르알프스 산맥을 마주보며 아드리아 해의 청려한 바다는 유럽의 보석이라는 이름이 어울리는 곳이다.

발칸 4개국인 크로아티아, 슬로베니아, 몬테네그로, 보스니아의 수려한 풍광과 중세시대의 성당, 성벽 등 많은 건축물이 보존되어 있는 지역이다. 보스니아의 큰 아픔과 상처를 지니고 있는 모스타르의 오래된 다리는 마음을 저리게 한다. 모스타르. 오래된 다리라는 이름과 도시 지명을 함께 가진 다리다. 1556년에 지어진 스타리모스티는 1995년부터 3년간 지속된 보스니아 내전으로 무너졌다고 한다.

다리 건너편에는 무슬렘 인이 살고 있고, 반대편에는 카톨릭과 정교회 인이 살고 있다. 강을 마주보며 살았던 평화로웠던 이웃들이 서로를 죽여야 하는 운명으로 내몰렸다. 서로에게 총부리를 겨누다 엄청난 아픔과 상처의 증표로 남아있는 다리다.

아치형의 다리는 조심스럽게 건너지 않으면 넘어지기 십상이다. 강바닥에 파괴된 다리의 흔적을 주워 모아 복구하였다고 한다. 오래된 흔적들을 주워 모으며 그들은 부모형제의 손, 발, 손가락을 줍듯 아픔을 줍고 보듬었을 것이다. 옛 모습 그대로 복원하려고 애쓴 흔적들이 역력했다. 2004년 유네스코와 세계은행의 지원으로 다시 복구된 다리는 2009년 유네스코가 세계문화 유산으로 지정하였다.

오래된 다리 위에서 내려다본 네레트바강은 디나르 알프스 만년설에서부터 발원한 강이라 눈이 시리도록 푸르다. 이 물줄기는 북서쪽으로 흐르다 다시 아드리아해로 흘러든다고 한다. 다리 위에서 바라본 듬직한 산 능선이 눈에 덮인 듯 새하얗다.

중턱에서 정상까지 메밀꽃 같은 들꽃이 여린 몸짓으로 안개처럼 흐르고 있다. 애써 아픈 기억들을 잊으려는 듯 흰 손수건을 흔드는 것 같은 애잔함이 절절하게 다가온다. 건물 곳곳에 검버섯처럼 남아 있는 총탄 자국들은 아직도 그 아픔을 전하고 있다. 무엇이 그들에게 위로가 될까. 모스타르 다리를 그린 그림 하나를 사며 이곳이 영원한 평화의 다리가 되어 지상의 낙원이 되기를 소망해본다.

여행이란, 낯선 곳을 찾아 떠나는 것이라기보다, 오랫동안 묵혀 두었던 묵은지 맛 같은 그리움을 찾아 그 맛을 음미하는 것이다. 오랫동안 빨아 입지 못했던 옷을 깨끗이 빨아 다시 입을 때 그 상쾌함 같은 느낌이랄까. 막상 떠나려고 할 때 두렵기도 하고 성가시기도 하다. 마치 빨래를 할 때 비누질을 하고, 비비고, 헹구다보면 점점 맑아지는 청량함이다. 깨끗이 헹군 빨래가 밝은 햇볕과 시원한 바람에 말라, 그 빛나는 옷을 입고 떠나는 것이 여행이다.

바다 빛은 하늘 빛에 따라 푸르게도 또 검푸르게도 보인다는 것을 알았다. 푸른 하늘과 맑은 자연 덕에 바다 빛이 더 빛나고 맑아 보이는 것이다. 아드리아해의 청옥빛 바다와 그림 같은 붉은 집들, 초원의 들꽃무리, 올리브잎의 반짝거림. 붉게 읽어가는 체리의 달콤함보다 그들이 자연을 대하는 무언의 태도가 발길을 다시 그곳으로 돌리게 만드는 곳이다.

자연이란 있는 그대로 두는 것이라고 했던가. 돌이 닳고 닳아 반짝거리는 오래된 길을 걸으며 옛 시인을 만나고, 눈이 맑았던 사람들의 발자취를 걸어 보는 일. 길에서 우연히 만나도 놀라지도 않고 도망가지도 않는 태평스런 고양이와 눈인사를 나누는 일이 여행이다.

'아드리아 해를 만나지 않고 낙원을 논하지 말라'고 했던 영국 극작가 버나드 쇼의 말이 그곳을 다시 떠오르게 한다. 집으로 돌아와도 그곳의 맑은 생각들이 태내음처럼 아득히 들려 온다.

물의 여행 2

산 중턱에 사는 나는 물소리를 듣기 위해 내려가기도 하고, 산을 향해 올라가기도 한다. 부활의 화신처럼 피어난 새순과 꽃들이 황홀하다. 하지만 내 마음을 사로잡는 건 계곡에서 흘러오는 물소리다. 물이 흘러가는 모습을 바라보며 하염없이 앉아 있는 시간은 세상 속의 시간이 아닌 영원을 향한 여정이다.

은둔자의 계곡에서 흐르는 물소리는 스메타나의 교향시 〈나의 조국〉 두 번째 곡 몰다우의 도입 부분에 나오는 플루트 소리다. 휴대전화를 꺼내 몰다우를 듣는다. 내 앞에서 흐르는 물소리는 마치 보헤미아의 고원에서 흐르는 물줄기처럼 새소리와 어우러져 반짝이며 흐른다. 굽이치고 부서져도 아무렇지도 않은 듯 쉼 없이 흐르는 물과 함께 몰다우의 주제 음악은 친숙하게 다가온다.

어느 나라를 여행할 때, 그 나라를 가로지르는 강을 바라볼 때가 가슴 벅차다. 아직 가보지 못한 '아무르강의 물결'을 들으며 그 검은 강을 여행하는 상상을 하기도 한다. 좋아하는 '몰다우'를 들을 때면 체코 프라하 카를교 위에서 바라보던 몰다우강이 음악처럼 흐르던 풍광을 잊을 수가 없다. 다시 가보고 싶은 곳을 꼽으라면 그곳이다. 몰다우는 체코의 수도 프라하를 관통하는 강이다. 체코어로는 블타바강이라 부르지만 독일어로 부르는 몰다우라는 이름이 우리에게 친숙하다. 프라하의 풍경이 아름다운 것은 블타바강이 흐르고 '나의 조국'을 작곡한 체코 근대음악의 아버지 스메타나의 조국애가 함께 흐르고 있기 때문이다.

그 강 언덕에는 스메타나의 동상이 자리잡고 앉아 있다. 평범한 여느 남자의 얼굴을 가진 그가 작곡한 〈나의 조국〉 중 〈몰다우〉를 들으며 낙동강을 떠올려 본다. 경남 함양과 전북 남원에 걸쳐 거대한 등줄기를 이루고 서 있는 삼봉산에서 발원해서 흐르는 작은 줄기의 계곡물을 블타바강의 상류인 보헤미아산맥의 작은 물줄기와 동일시하며 바라본다.

몰다우는 체코슬로바키아 남쪽 고원에서 북쪽으로 흐르는 강으로 프라하의 엘베강으로 합류하여 흐르는 강이다. 몰다우의 수원이 묘사된 이 곡은 체코어로는 〈블타바강〉이라 부른다. 독일어 몰다우로 알려진 일이 아쉽기만 하다.

몰다우라는 독일어 대신 블타바로 불러야겠다는 생각이 드는 건 작곡가 스메타나의 조국애 때문이다. '내 귀는 이제 소리가 거의 들리지 않는다. 그렇지만 내 나라를 위해 이 작품만큼은 절대 포기하지 않을 것이다.' 청력을 잃어 가며 소리가 들리지 않을 때까지 작곡에 전념했던 그의 열정은 어디에서 오는 것이었을까!

이 음악을 들을수록 편협된 마음도 넓은 강만큼이나 넓어지게 만드는 큰 힘을 지닌 음악이다. 블타바는 내가 사랑하는 음악이자 체코라는 나라에 가고 싶은 마음을 가지게 만든 곡이다.

비세 흐라프 옛 성을 오르며 작은 홀에서 연주하던 〈블타바〉를 듣는다. 내 마음의 강물이 되어 장엄하게 흘러가는 감동이 밀려온다. 언덕을 오르던 길을 돌아서서 바라보는 블타바강의 유려함이 음악과 어울어지는 순간은 언제나 영원으로 이어진다.

덕두산 1

덕두산은 남원시 인월면 어디에서나 바라보이는 산이다. 고향에 찾아오면 자애로운 미소로 나를 반기는 산. 거대한 피라미드형의 그 산은 언제보아도 덕스러운 모습이다. 호손의 단편 '큰 바위 얼굴'이 이런 모습일까.

몇 년 전 그 산을 올랐었다. 그이와 친정 동네에 왔다가, 발길 닿는 대로 걸어보자고 올라간 곳이 흥부골 자연 휴양림이다. 덕두산 1,150m라는 안내 표지가 서 있다. 수정 같은 계곡의 청청한 물을 바라보며 참 편안한 마음으로 걸었다. 검푸른 잣나무 군락지는 거목이 되어 바람을 견디고 있다. 바늘 같은 침을 세운 푸른 나무는 피톤치드를 내뿜으며 나의 몸을 치유해 주는 듯하다.

산이 높아지는 곳에 눈이 쌓여 있다. 누군가 올라간 발자국이 선명하게 보인다. 외길을 따라 오르니 짐승 발자국도 보인다. 푸른 침엽수 군락을 지나자 가지만 남은 활엽수들이 보이기 시작한다. 산철쭉 나무는 꽃망울을 송알송알 매달고 바람에 흔들리고 있다. 잔설이 남아 있나 했더니 오를수록 눈이 많이 쌓여 걱정되기 시작한다. 험난한 길을 배낭 하나도 없이 올라왔으니, 손에 들고 온 작은 수첩 하나도 장애물이다. 준비성 없이 올라온 산행이 얼마나 위험한 것인지 느끼는 순간이다.

산을 오를수록 경사가 높아진다. 나무 지팡이에 의지하기도 하고 나무 둥지를 잡고 겨우 오르는 중에, 설상가상으로 눈보라까지 휘몰아치기 시작한다. 내려가자니 올라왔던 험난한 길이 생각나 진퇴양난이다. 세상에는 길도 많은데 이 산속의 길은 오직 외길뿐이다. 정상까지만 가면 새로운 길이 열리지 않을까 하는 기대로 온 힘을 다해 올랐다. 어디에라도 구원을 청하고자 딸들에게 전화를 해보았지만 불통이다. 태풍이 몰아치는 절해고도에 서 있는 것 같다. 빈 나뭇가지의 바람 소리는 무서운 공포 영화의 효

과음 같아 마음을 더 졸이게 한다. 대낮인데도 산속은 어두워지고 있다. 오직 살아야겠다는 마음으로 절대자를 향해 간절히 기도하며, 천신만고 끝에 정상에 올랐다. 그이 손을 덥석 잡고 "감사합니다!"라는 말만 반복했다. 얼굴은 눈물 콧물이 범벅이 되어 앞이 겨우 보인다. 다행히 날씨는 밝아지기 시작한다.

평지 같은 정상에 서니 멀리 고향 마을과 학교가 있는 면 소재지가 펼쳐져 있다. 오른쪽으로는 바래봉을 안내하는 이정표가 보인다. 지나온 삶이 지리산 능선처럼 겹쳐져 다가온다. 안구건조증 증세로 쓰고 간 선글라스가 눈보라를 피하게 해 주었고, 차에 두었다 가지고 온 가죽 장갑도 그렇게 요긴할 수가 없었다. 이렇듯 인생행로에 많은 이들이 언덕이 되어주었음을 느끼는 겸허한 시간이었다.

덕두산 초입의 이정표를 1,150m라고 읽은 나와는 달리, 그이는 350m로 들은 것이다. 그이는 식은 죽 먹기라 생각하고, 나는 오르고 싶었던 산이라 두려움 없이 올랐던 산. 그 꼿꼿한 산은 쉽게 이루어지는 일은 없다는 것을 알려주었다.

인월중학교 운동장에서 바라보는 덕두산. 참 의연하다.

나의 의지와는 다르게 낯선 서울로 전학을 떠나는 내 등을 토닥거리며 '사는 일은 견디는 것'이라고 나를 위로해 주었던 산이다.

중학교 때 새로 부임한 총각 선생님에게 매료되어 음악 시간이 즐거웠다. 음악 실기점수를 우리 반에서 최고점을 받게 했던 노래 – 푸른 강물 위에다 작은 배를 띄우고 찰랑대던 강가에 서로 손을 맞잡아 지난 일 생각하며 앞날을 맹세할 때 – 덕두산을 바라보며 부르던 노래를 흥얼거려 본다. 바로 밑에 있는 인월초등학교엔 아름드리 느티나무와 '살아 천년 죽어 천년'이라는 주목이 위엄있게 서 있다.

'여기가 인월 보릿고개 넘기고 전쟁 겪으며 삼남을 굽어보는 지리산 늘 푸른 덕두봉' 올해 94회 졸업생을 배출한 모교 운동장에 서서 바라보는 덕두봉은 감회가 새롭다.

"덕두산은 아무나 오를 수 없는 산이야. 덕두봉 정상은 남극노인성이라 부르기도 하는 희귀한 별자리를 볼 수 있는 곳이야, 덕두산을 일생에 세 번을 오르면 백수를 한다는 전설이 있지." 선배에게 들은 얘기다. 덕德의 우두머리 덕두산은 아무나 오를 수 있는 산은 아니다.

오랜 세월을 부산에서 살다 그 봉우리가 바라보이는 고향으로 다시 돌아왔다. 간절히 원하면 이루어진다고 했던

가. 덕두산이 나를 불렀다. 이제 눈만 뜨면 바라볼 수 있는 산이다. 사과밭에서는 거대한 몸체를 아낌없이 보여준다. 거실에서는 치마폭 같은 능선을 보여주고, 글을 쓰고 있는 방 책상에 앉아 고개만 살짝 돌리면 소녀의 얼굴 모습으로 덕두봉이 나를 바라보며 싱긋 웃는다.

덕두산 2

덕두산 정상에 오르면 천왕봉을 비롯한 지리산의 주능선과 서북 능선을 한눈에 바라볼 수 있는 이상적인 전망대다. 능선을 따라가면 드넓은 평원의 철쭉군락지 바래봉으로 가는 거점이 되기도 한다. 지리산 남서쪽에 우뚝 솟은 첫 번째 산봉이며, 지리산 능선의 출발점으로 중요한 위치의 산이다.

2년 전 눈 쌓인 고적한 산을 처음 오른 후, 하얀 찔레꽃이 애수에 찬 듯 웃고 있는 청아한 산을 다시 올랐다. 층층나무 꽃이 흰떡가루를 켜켜이 뿌려놓은 듯 맛깔스럽게 피어 눈이 호사를 누린다. 발밑에는 오래된 돌이 길손의 심중을 투시하고 있는 듯 묵언 중이다. 검은 흙이 처녀의 속살처럼 부드럽고 포근하다.

이 산을 오르는 사람은 많지 않다. 처음부터 끝까지 오르막길인 데다 오르는 동안 훤한 전망이 보이는 것도 아닌, 이 고독한 산을 나는 왜 오르고 싶은 것일까. 오래된 나무를 바라보며 걷는 오르막길이 마치 영원으로 이어지는 순례의 길처럼 경건해진다.

지나온 삶 중에 어느 시절로 돌아가고 싶은지 묻는다면 일곱 살 아이로 돌아가고 싶다고 말할 것 같다. 부모님과 함께 영원한 동심을 구가하고픈 소아병을 앓고 태어났는지도 모른다. 이런 나에게 변명을 하곤 한다. 태교의 문제라고. 그 몹쓸 6 · 25 땜에 모태에서부터 무서움에 웅크리며 견딘 생명이 무서움을 동반하고 태어났기 때문이라고. 그것도 세상에 나오는 게 무서워 파랗게 질려서 엎드려 나온 겁쟁이라고.

장날이면 흰옷 입고 장터에 가신 엄마를 기다리던 곳, 돈키호테처럼 사라진 작은 오빠를 기다리던 쉼터 막덕거리, 등 굽은 노송 밑에 일곱 살 소녀가 내 안에서 떠나지 않고 지금도 앉아있다. 영원의 한 가닥처럼. '조금만 더 기다려.

저 신작로 끝을 봐. 엄마가 손가락 과자 사서 오고 있잖아. 작은 오빠는 여름방학 때 큰 가방을 들고 대한금속버스를 타고 꼭 올 거야.'

인정스러운 덕두산은 큰 걸음으로 가까이 다가와 소용돌이치던 내 작은 가슴을 달래주며 늘 나를 지켜주고 있었다.

소녀적 고향을 떠나올 때도 내 등 뒤에서 나를 격려하던 듬직한 덕두봉. 사물에 눈뜨기 시작한 후 바라보기 시작한 덕두산은 내 삶의 근원이자 끊임없이 솟아나는 샘물 같은 물줄기를 품고 있었다.

한 사람 겨우 오를 수 있는 오르막을 오르니 넉넉한 평상 같은 바위가 보인다. 주먹밥을 하나씩 먹으며 그이와 오랜만에 여유를 누려본다. 이제는 그이의 얼굴에서 내 얼굴이 보이는 세월을 살아온 것 같다.

무심히 앉았던 바위 위로 예사롭지 않은 고로쇠나무가 웅지를 틀고 서 있다. 철옹성 같은 바위를 뚫고 뿌리를 내렸을까, 후덕한 바위가 틈새를 열어 주었을까, 만고풍상을 견딘 나무의 의지와 바위의 후덕함이 덕두산의 이름에 빛을 더하고 있다. 세상의 역경을 견디며 살아왔고 또 그를 지지해 준 친구 간의 결연한 모습처럼 푸근하다.

덕두산은 넉넉한 덕을 품고 세상의 힘든 이들을 위로하는 인애의 몸짓이다. 백전노장의 모습이다. 덕스러운 나무와 넉넉한 바위를 뒤로하고 정상에 올랐다. 나무 사이로 멀리 아득히 마을이 보인다. 첫 기억의 흔적들이 가물거리는 호롱불처럼 흔들리고 있는 고향 마을. 이곳이 이토록 그리운 것은 첫 기억들이 곳곳에 수런거리고 있기 때문일 것이다.

덕두산에 서면 한 방울의 물이 된다.

2부

들녘에 서서

우리는 어디로 가고 있나요 · 들녘에 서서 · 망양로 · 아보레센스 · 수선화 피는 언덕 · 청라 언덕 1 · 키다리 꽃 · 흔적 · 빈빈 문화원

우리는 어디로 가고 있나요

'사람'이라는 말은 '삶'이라는 말과 상통하다는 생각이 든다. 삶을 통해서만 사람이라는 말을 들으며 살 수 있기 때문이다.

사람에게는 짐승과 다른 영혼이 존재한다. 그 영혼이라는 존재는 무엇일까. 그 영혼은 내 몸 어디에 숨어 있을까. 내 심장 가운데일까. 내 머리 어느 한쪽일까. 잠들기 전 심장 쪽을 양손으로 모아 가만히 귀 기울여 본다. 두근거리며 심장이 뛰고 있다는 것은 느끼지만 벽에 걸린 시계 초침 소리만 정확하게 들린다.

심장의 무게는 350그램에서 600그램 정도인데, 남자가 여자보다 약간 무겁다고 한다. 보이지 않는 영혼의 무게는 얼마나 될까. 내 몸과 함께 존재하는 비물질적 존재라고 하더라도 작은 무게는 지니고 있을 것이다.

어린 시절 아버지는 사람이 세상을 떠날 때, 그 영혼은 푸른 빛을 발하며 하늘로 올라간다는 얘기를 들려주셨다. '그 말이 정말일까?' 하는 의구심이 들던 사춘기와 청년기를 지나 그때의 아버지보다 많은 세월을 살고 있는 지금, 어쩌면 영혼은 맑은 물이 되어 흐르다 가고 싶은 곳으로 가는 것이라 믿고 싶다.

귀농한 마을에서 일을 보러 내려갈 때, 차를 타고 오르내린다. 일꾼들 참 준비를 하느라 소재지를 향해 바삐 내려가다 멀리서 어린아이의 걸음마처럼 한 발 한 발 앞으로 전진하듯 올라오고 있는 할머니의 모습을 보았다. 걷는다고 하기보다 제자리걸음이다. 부지런히 시장을 보고 올라오다 길에서 할머니를 다시 만났다. 차를 세우고 노인을 태워 그의 목적지에 내려 드렸다.

소재지로 이사를 간지 오래되었지만 비가 오지 않는 날은 매일 두 시간 넘게 걸어서 젊은 날 농사짓고 살던 집터를 찾아온다고 힘겹게 말문을 연다. 오르막을 걷는 일이 숨이 차고 허리가 아프지만, 하루라도 살던 곳을 오지 않으면 밥맛도 없고 잠도 오지 않는다고 한다. 여든다섯의 노구를 이끌고 아침 밥 한술 뜨고 간단하게 점심을 싸서 등에 메고 오르막을 오르내리는 일이 노인의 삶이다.

노인을 찾아가서 그 분의 얘기를 듣고 오는 날은 나에게 작은 위로와 기쁨이 되는 시간이다. "나는 베푼 게 하나도 없는데 사람들은 내게 차를 태워주고 먹을 것도 주고!" 잠시 짬이 날 때, 잡술만한 먹거리를 들고 할머니를 만나러 가는 날은 마치 부모님을 만나러 가는 기분이다.

그곳에 가면 작은 동산이 보이고 삼봉산 줄기에서 내려오는 청청한 물을 만난다. 텃밭을 일구며 살았던 가장 행복했던 삶을 반추하기 위해 한 발 한 발 움직이며 이곳을 찾아오는 일이 노인의 삶이다. 낡아 곧 허물어질 것 같은 빈집 회색 툇마루에 무상무념으로 앉아 오래전 시간을 회억하는 시간이 노인의 삶이다.

칠순을 넘긴 그이와 함께 의논해서 귀농을 결정했지만 사과밭을 일구며 사는 일은 나 자신과의 힘 겨루기가 필요하다. 스스로 위로하고 일이 아닌 놀이라는 생각으로 해야 할 일이다. 힘들다는 생각이 들 때마다 마음을 곧추세우고 할머니의 걸음을 생각해 본다.

새로 지은 창고에서 첫 농사 지은 사과 출하 작업을 마무리하고 새로 지은 집으로 이사까지 했다. 산 중턱에 자리 잡은 집은 멀리 인월면 소재지가 한 눈에 보인다. 피렌체 아르노 강의 노을보다 더 아름다운 일몰을 바라볼 수 있는 곳, 내가 태어난 고향 마을이 한눈에 보이는 동화의 문이 열리는 곳이기도 하다.

막연히 동경하던 곳을 여행하는 설렘으로 새로운 길을 찾아나서는 일이 삶이다.

지금쯤 노인은 지팡이를 짚고, 작은 봇짐을 등에 메고 삶의 무게를 저울질하며 언덕을 오르고 있을 것이다.

들녘에 서서

몇 마지기 되지 않는 논농사를 다른 사람에게 맡긴 후로는 모심기도 벼 베기도 신경 쓸 일이 없다.

신혼 때부터 모내기나 타작을 할 때 어머님이 계시는 시골에 가서 일손을 도왔다. 그때는 혼자 가는 일이 왠지 싫었다. 버스를 몇 번 갈아타야 하고 임신을 했을 때는 심한 멀미로 곤욕스럽기도 했다.

결혼 5년이 채 되지 않아 아버님은 세상을 떠나셨다. 그래도 어머님은 억척스레 농사를 지으셨다. 나는 내심 불만이었다. 별 소득도 없는 일을 하느라 어머님 허리는 굽어

가고, 힘들어하시는 것을 보며 짐짓 어머님을 생각하는 척 농사일을 그만하시도록 종용하곤 했다. 그때마다 밭농사는 소일거리로 하고, 벼농사는 올해가 마지막이다 하신다.

그러나 봄이 되면 모내기 날짜를 잡았다며 올해도 할 수 없이 농사를 지어야겠다고 하신다. 그때는 나에게 일이나 시키고 싶어 하는 심술꾼처럼 보였다. 세월이 지난 지금, 어머님의 웅숭깊은 마음을 알 것 같다. 추수하는 기쁨을 며느리에게도 느끼게 해 주려는 마음이 아니었을까.

타작마당의 기쁨을 모르는 것은 아니었다. 탈탈거리며 돌아가는 탈곡기 소리가 장구 소리, 꽹과리 소리처럼 들리던 철부지 때는 마냥 신기하기만 했으니.

몇 년 전 정말 마지막 농사라며 타작을 하던 날이다. 벼를 베고 타작까지 하는 콤바인이라는 기계가 있어 몇 사람 몫을 한다. 누런 들판의 벼는 금방 쓰러지듯 기계 속으로 들어가, 알곡과 쭉정이로 변한다. 타작이 끝난 논에는 나락을 담은 푸대만 남는다. 마치 요술 주머니처럼.

일꾼이 나락 가마니를 집에 싣고 간 뒤에도 어머님은 논에서 서성이고 계셨다. 구부러진 허리를 가끔 펴며, 탈곡기가 흘리고 간 벼이삭을 줍고 계셨다. 그 모습은 고요한 그림처럼 보였다. '버려진 이삭은 하찮은 지푸라기지만, 그것이 껍질이 벗겨질 때 생명을 연장할 수 있는 귀한 쌀알이 되는 것이라' 하시며 어려웠던 시절을 반추하시던 모습….

어머님과 함께 넓은 논에 이삭을 주우며 어머님 가슴속에 묻어둔 얘기를 들었다. 가난한 가문에 시집와서 어렵게 모은 생명과도 같은 논 몇 마지기를 아버님이 남의 빚보증을 섰다가 다 날려 보냈을 때의 막막함과 허망함. 그때 들판을 바라보며 가슴은 얼마나 미어지셨을까. 이삭마저 주울 수 없는 빈 들에 서서 아무도 모르게 흘린 눈물은 어머님만이 아시리라.

무엇이든 남에게 주기를 좋아하셨다는 아버님 성품을 원망 반 푸념 반 하시며 복도 없었다며 한숨을 쉬셨다. 갖은 고생 끝에 이 논을 장만하셨다고, 이 논에서 첫 농사를 지었을 때 얼마나 기뻤을까!

명석하던 큰아들 뒷바라지를 못 한 일이 아쉬움으로 남는다며, 남편 얘기를 하실 때는 눈가에 이슬이 맺히곤 하셨다. 어릴 적 소풍 가는 날 돈 5원을 손에 쥐여 주었더니, 소풍 다녀와서 어머님 손에 돈 5원을 다시 쥐여 주던 얘기, 고등학교 때부터 고학하며 동생들 뒷바라지하던 일, 외항선 통신장으로 망망대해를 항해하다 암초에 부딪혀 구사

일생으로 살아왔다는 얘기를 담담히 하셨다.

그해 들판은 어머님과의 교감으로 가을볕은 마냥 따습기만 했다. 가을걷이가 끝난 들녘에 서 본다. 그곳에 서면 이 땅의 많은 어머니의 숨결이 들려오는 듯하다. 땅 내음을 맡으며 어머니들의 체취를 느껴보곤 한다. 한숨과 기쁨이 어우러진 들녘에 서면 심오한 소리가 들려오는 듯하다.

마치 땅 울림소리 같은….

망양로

마치 끝없는 길을 가고 있는 것 같다. 눈앞에 망망한 부산 앞바다가 펼쳐져 있어, 푸른 하늘과 바다가 바로 손에 잡힐 것 같은 길이다. 지긋지긋한 가난이 묻어 있고 슬프고 고단함이 그대로 드러나는 길이다. 때로는 감추고 싶은 상흔 같은 그래도 걷고 싶은 길이다.

아래에서 올려다보면 숨이 턱 막히고 위에서 내려다보면 아찔하게 보이는 계단. 수도가 들어오기 전 계단 밑에 있는 물을 길어 와야 했던, 저승 가기보다 힘들다고 해서 '하늘 계단' 이라고도 불렀다는, 천근만근 같은 삶의 무게와 시간을 명징하게 보여주는 길이다.

산복도로라고도 부르는 길은 6 · 25 이후 형성된 피난민촌에서 시작된 산동네를 연결하는 도로였다. 다닥다닥 붙은 작은 집들은 오래전 피난민들의 거처였고, 지금도 누군가의 삶의 터전이다.

걷다 보면 영화 '국제시장'의 화면이 겹쳐진다. 초로의 노인이 된 주인공이 그의 부인과 함께 부산항을 바라보며 허름한 집 평상에 앉아, 그의 꿈은 선장이 되는 것이라고 얘기하는 소리가 들려온다. 그의 부인의 꿈은 무엇이었을까. 피난민들이 터를 잡고 살았던 곳이라 산복도로 아래 작은 집들이 그때의 삶과 애환을 보여주는 풍광이 가슴 저리는 곳이기도 하다.

'망양로'라는 이정표를 처음 본 것은 1980년 초였다. '둘만 낳아 잘 기르자'라는 표어까지 등장하며 산아제한 정책을 시행하던 시절이었다. 아이 세 명을 출산하고 산후 우울증을 심하게 앓던 때였다. 산부인과 병원 옆으로 '망양로'라는 이정표가 보였다. 남편도 하는 일이 바빴던 때라 혼자서 병원을 다녔다. 수술을 하고 병원 문을 나오는 순간 세상이 깜깜해 보였다. 마취에서 덜 깬 눈으로 '망양로'를 '망향로'라 읽으며 그 길을 따라 무작정 걸었다.

오랜 세월이 지나 그 길을 다시 걸어본다. 누군가의 서럽고, 아름다운 삶을 생각하며, 넓고 깊은 마음을 가져 보고 싶기 때문이다. 울고 싶을 때 소리 없이 울게 만드는 촉매제 역할을 하는 '망향'을 가슴으로 불렀다. 망양로에 거미줄처럼 연결된 계단을 오르다 보면 '여기까지 오느라 수고했다'라며 마음이 몸을 위로하는 시간이 된다.

이 길 위에는 화가 이중섭의 가난했던 삶과 사랑이 스쳐 지나간다. 붉은 우체통이 보이며 유치환의 낭만이 보이고, 한국의 슈바이처 장기려 선생의 지순한 사랑이 스며 있는 따뜻한 길이 보인다. 그분들의 삶을 조망할 수 있는 공간을 둘러보다 보면 치유의 힘이 솟구친다.

동족상잔의 비극으로 피난민들이 북새통을 이루며 허기진 삶을 이겨낸 망양로는 대한민국의 대로이며 부산의 큰 지붕이다. 피난민들에게 집 없는 설움, 배고픔의 설움, 생이별의 아픔을 보듬고 달래준 어머니의 품과 같은 길이다. 폭풍과 비바람을 막고 덮어 주었던 길을 걸으며, 큰 아픔을 지닌 이들을 생각하면 나의 작은 슬픔과 이루지 못한 꿈은 바다에 흘려 보낼 일이다.

낡고 작은 집 앞의 한 점 꽃이 내 눈을 맞춘다.

아보레센스

첫 추위가 빠르게 기습했다. 웬걸, 아침 일찍 마당에 나가보니 서걱서걱 땅이 솟아있고, 동장군이 휩쓸고 간 흔적이 역력하다. 새봄의 전령 군자란의 고고한 모습도 모기를 쫓아준다는 제라늄의 강인함도 된서리를 맞았다.

화분에 얌전히 앉아있는 아보레센스가 윙크하듯 나를 쳐다본다. 연녹색을 띠며 줄기가 통통하다. 아보레센스만은 건재하다. 얼른 화분을 집어 들고 '그래, 가자. 우리 방으로 피난 가자.' 화초를 추위로부터 피난시키며 설핏 웃음이 나왔다. 어쩌면 살아간다는 것은 저마다의 전장을 견디어내는 것인지도 모른다.

6 · 25 때, 엄마가 돼지 새끼 세 마리를 망태에 담아 외갓집 동네로 피난 가던 얘기가 생생하게 떠오른다. 돼지우리에 숨죽이고 있던 새끼 돼지를 얼른 망태에 담고 인민군들이 마루에서 어미 돼지를 잡아 정신없이 먹는 틈을 타 대나무밭으로 숨어서 집 앞 시내를 건너는 동안 등줄기에 땀은 얼마나 흘렀을까. 엄마 가슴 두근두근, 엄마 뱃속에든 내 가슴 콩닥콩닥, 돼지 새끼 가슴 벌렁벌렁 겨우 시내를 건너 우리 동네를 바라보니 우리 집이 불이 '훨훨' 타고 있었다고….

아보레센스는 지중해 지역에서 잘 자란다. 그곳에서는 제법 큰 나무로 자라 오렌지색의 꽃을 피운다. 우리나라에서는 따뜻한 남쪽 지방에서 자라고 특히, 제주도에서 자란 것은 해풍을 받고 자란 덕에 약효가 우수하다. 우리나라에 귀화해서 추위도 어지간히 견디는 식물이다. 책상에 올려놓고 바라보니 한쪽 가지를 힘껏 올리다 기울어져 있는 모습이 멋진 발레리나의 자세다. 그 손끝을 바라보며 백조의 호수에 나오는 발레리나와 대화를 나눈다.

"애야. 너 우리 집에 어떻게 오게 되었니?"

"사무실에 있는 거 뽑아 왔잖아요."

"우리 사무실에는 누가 데려왔니?"

오래전에 어느 집에서 이름을 묻고 한줄기 얻어 심은 것이 많이 번져 나눔을 하는 식물이다.

김장 후, 서울 출장까지 몸에 무리가 왔나 보다. 입술이 터졌다. 일주일이 지났는데도 아물지를 않는다. 내 마음을 아는 듯 아보레센스가 가지 하나 자르란다. 투명한 엽록소가 자르르 흐른다. 입술에 바르고 혀에 살짝 대어보니 씁쓸하면서 짭쯔레하다. 작은 가지 하나면 몇 번을 바를 수 있는 천연 항생제다. 잊고 살았느냐며 은근히 나무라는 것 같다. 가지를 자르며 미안해하는 나에게 "아니에요." 하며 손사래를 치는 것 같다. 아보레센스에 함유된 '알로에 아모나사이드'라는 성분은 상처 치유에 탁월한 효과와 혈액을 맑게 해주어 성인병을 예방해 주는 진기한 약용식물이다.

나와 소녀는 백조의 호수 중 '정경'의 음률 속으로 고요히 스며든다. 터진 내 입술은 맑은 엽록소의 물세례를 받고 열이 서서히 식어간다. 아보레센스 밑동에는 연둣빛 작은 가지들이 뾰족이 고개를 내밀며 새로운 세상을 본다. 가지를 꺾어주면 또 새 가지가 나오는 강한 생명력과 번식력을 가진 식물이다. 화분 속에는 민들레 홀씨도 깊은 잠을 자고 있을 거다.

우리 방이 작은 세상이 되어 조용히 움직이고 있다.

수선화 피는 언덕

사과밭 언덕에 꽃을 심고 싶었다. 풀만 무성한 언덕에 철 따라 꽃이 피면 언덕이 환해지고, 누군가에게 작은 선물이 될 것 같았다. 새언니는 이런 내 마음을 알기라도 한 듯 오빠 집에 무더기로 피어난 수선화를 가져다 심으라고 했다. 얼씨구나 싶어 주는 대로 가져왔다.

풀을 캐내고 정성으로 심었다. 봄이면 드문드문 새순이 올라오는가 싶었는데 예상과 달리 꽃을 피우는 기색이 없다. 어느 날 산책길에 찔레 덤불 밑에서 노란 등불을 켜고 있는 꽃이 눈에 들어왔다. 수선화다. 수선화 뿌리가 언덕 아래까지 내려온 게 신통하기만 하다. 일부러 꽃을 보려고 언덕 아랫길을 자주 오르내렸다.

삼월 중순, 늦은 눈이 내리기 시작했다. 진눈깨비로 내리다가 함박눈으로 변한 눈이 온 산야에 쌓였다. 사과밭 둑을 걷다가 눈 속에 피어난 노란 수선화를 처음 보았다. 눈 속에 피는 꽃, 어떤 보석이 이처럼 찬란하고 귀할까. 가슴에 꼭 안아주고 싶은 마음이다. 차디찬 의지의 날개를 펼치고 나타난 봄에 온 귀인이다. 겨울 동안 형체는 죽었으나 그 근원은 살아 있어 새봄에 다시 살아난 불멸의 꽃이다.

붙일 곳 없는 정열을 가슴에 깊이 간직한 채 눈바람에 환하게 웃으며 나를 일으켜 세우는 설중화! '그대는 차디찬 의지의 날개로 끝없는 고독의 위를 나르는 애달픈 마음….' 젊은 날 가곡 수선화를 자주 부르기도 하고 들으면서도 수선화를 직접 보지 못했다. 봄의 전령처럼 노랑 등불을 들고 홀연히 나타난 얼음 나라의 공주를 닮은 꽃. 눈보라를 헤치고 눈길을 사뿐히 걸으며 지쳐있는 나를 찾아온 친구 같은 꽃. 여러 송이가 함께 피어 있는 꽃들은 마치 작은 나팔을 불며 합주를 하는 모습이다.

수선화의 속명인 나르키소스는 그리스 신화에 나오는

미소년의 이름에서 유래한다. 호수에 비친 자신의 모습에 반해 물에 빠져 죽은 후 그 자리에 수선화가 피었다고 해서 자기애를 의미하는 '나르시스'라는 꽃말을 가지고 태어난 애달픈 꽃이다. 수선화는 '고결', '신비', '자존심'이라는 꽃말을 부여받은 꽃이다. 저온에 강해 추위에도 꽃을 피우고 한번 핀 꽃은 오랫동안 시들지 않는다.

추사 김정희 선생이 사랑하고 아꼈던 꽃. 수선화의 지순한 모습을 바라보면 잊었던 꿈들이 날개를 달고 날아오르는 환상을 바라보는 것 같다. 흰 눈이 소리 없이 오는 날 허물없는 친구와 노란 수선화가 무리 지어 하늘거리는 언덕을 바라보며, 차 한 잔 나누고 싶다. 그대는 나에게 언제나 수선화다.

청라 언덕 1

코로나19 바이러스 확진자가 계속 증가하고 있다. 그것도 대구에서 많은 환자가 쏟아지고 있다. 모든 일상이 그대로 멈추어 버린 것 같은 2020년 봄, 인류는 어쩌면 새로운 세상을 맞이하고 있는지도 모른다.

내가 사는 지리산 권역은 코로나 청정 지역이라 안전하다고 하지만 마음으로 느껴지는 걱정이나 무거움은 피해 갈 수가 없다. 불안한 마음에 휴대전화를 들여다보는 시간이 많아진다. 눈이 피곤하고 어깨 결림과 손목 통증까지 늘었다. 휴대전화로 검색을 하다 보니 홍수같이 쏟아놓은 정보들로 머릿속은 어지럽고 온몸이 뻐근해진다. 누군가의 비리나 약점을 캐다 보면 내 마음과 몸도 함께 피곤해짐을 느끼게 된다.

'다큐 세상'이라는 TV 프로를 시청하게 되었다. 〈130년간의 한국사랑 사무엘 오스틴 마펫 삼열과 그 아들들〉 이라는 프로였다. 잊고 있었던 어느 미국 선교사의 이야기다. 겨우내 죽은 듯 잠자던 식물들이 봄을 맞아 새순을 틔우듯, 그가 행한 일들이 새롭게 조명되고 있다.

'사무엘 오스틴 마펫' 선교사는 많은 이들이 독립운동을 할 수 있도록 집을 제공하여 주고, 걸출한 독립운동가들을 키워낸 대부였다. 숭실학교 외 300개의 학교와 많은 교회와 병원을 세웠다. 그의 위대한 일은 그의 당대에서 끝나지 않고 그의 아들, 손자 대에까지 한국 사랑으로 이어진 아름다운 이야기였다. 한국에서의 일을 끝내고 미국으로 돌아갔을 때, 생활고에 시달리며 지인의 차고를 개조해서 살던 곳에서 영면했다는 사실, 눈을 감을 때까지 한국의 독립을 위해 기도했다는 얘기, 자녀들에게 자신이 죽으면 한국 땅에 묻히겠다는 유언은 가슴을 뭉클하게 했다. 불현듯 어딘가로 가고 싶다는 마음이 간절하다.

몇 년 전 동생이 입원해 있던 대구 동산 병원 뒤뜰을 산

책했었다. 그곳엔 오래전 선교사 '오스틴 마펫'의 아들이 살았던 양옥집을 잘 보존해서 문화재로 지정되어 있었다. 야트막한 언덕에 서양식 집이 세 채 서 있는 푸른 언덕. 우리나라를 자기 나라보다 더 사랑했던 사람들이 살았던 그곳에는 서양 담쟁이 아이비가 담을 타고 올라 푸르게 자라는 언덕이라 '청라 언덕'이라고 불렀다고 한다. 그곳이 바로 박태준 작곡 이은상 작사의 '동무 생각' 에 나오는 '청라 언덕'이라는 것을 알게 되었다. 박태준 선생이 사랑했던 소녀를 못잊어 할 때, 이은상 선생이 시를 써 주며 위로했다고 한다.

나의 청라 언덕은 어디일까. 친구 일곱 명이 모이면 자주 노래를 불렀다. 절대음감을 가지고 있던 한 친구는 알토 음역의 목소리가 아주 매력적이었다. 피아노를 잘 치던 친구의 반주 솜씨로 합창이 즐거웠다. 목소리처럼 마음이 곱던 친구들…. 동무 생각을 부를 때 화음이 무척 아름다웠다.

"우리, 나이 들면 외로운 이들을 찾아 노래로 함께 위로하자."던 말이 귓전에 맴돈다.

지금쯤 가녀린 현호색 무리가 흔들리고 있을 엄광산 자락이 몹시도 그리운 봄날이다. 하얀 강아지 꼬리 같은 까지 수염 꽃 피는 언덕, 꿀벌이 자주 놀러 왔던 꽃향유 무리 지어 피어나던 엄광산 자락은 마음의 고향이자 나의 청라 언덕이다.

키다리 꽃

장마가 길다. 마당 끝에 서 있는 키다리 꽃을 끈으로 묶어 비바람을 견디게 해 주었다. 귀향한 첫해, 친정집 마당에 자라던 꽃모종을 가져와 언덕에 심었다. 어린 시절 노랑꽃이라 부르던 키다리 꽃은 오래전에 귀화한 식물이라, 토착 식물처럼 정이 가는 꽃이다.

키다리 꽃은 무더운 여름, 우리 집 뒤란에 풍성하게 피던 꽃이다. 지금도 흑백사진처럼 명징하게 남아 있다. 그 꽃이 피기 시작하면 그 노란 꽃을 보려고 부엌을 생쥐처럼 들락거렸다. 그 꽃이 정감이 가는 건 부모님이 그 꽃을 심고 온 식구가 함께 보았던 동질감 때문이다. 돌아갈 수 없는 먼 그리움을 삼키는 날이면 유년에 보았던 꽃들이 스크린처럼 지나간다.

정지라 부르던 제법 큰 공간에는 땔감 나무를 쟁여 놓았던 자리, 반질거리던 국솥, 가마솥 위 작은 선반 위에는 흰 사발이 등잔처럼 앉아 있었다. 그 정갈한 사발 안에는 새벽에 길어온 맑은 정화수가 담겨 있었다. 성스럽기까지 하던 그 자리는 엄마의 기도처였다. 행주치마, 낭자머리에 비녀를 꽂고 분주하게 몸을 움직이던 엄마는 키다리 여린 순이 적당히 자라면 나물무침을 했다. 향긋하고, 고소하고, 아삭한 맛은 세월 저 너머의 설강과 정지 칸에서 환상처럼 입맛을 다시게 했다.

내가 사는 삼봉산은 안개에 갇혀 이웃집의 형체도 보이지 않는다. 그나마 창문으로 바라보이는 키다리 꽃은 바람에 흔들리며 건재하다. 꽃을 자세히 살펴보니 꽃망울 안에 무수히 많은 꽃잎이 꽃을 피울 준비를 하고 있다. 아직 피어나지 않은 꽃망울들은 알 수 없는 비밀을 꽁꽁 감싸 안은 채 자기의 소임을 다하고자 하는 자세다.

긴 장마와 폭우가 지나니 불볕더위에 가까운 날씨다. 그런 날도 의연하게 서 있는 키다리 꽃은 장마와 더위도 견뎌야 하는 인내의 꽃이다. 앞을 볼 수 없을 정도의 비바람에도 마치 등대처럼 불을 밝히고 서 있는 꽃은 먼 어느 곳을 응시하며 기도하는 모습이다. 불볕더위와, 폭우, 태풍까지도 견디는 저 꽃을 바라보며, 내가 해야 할 일을 기억하고 다짐하게 된다.

오래전 우리나라에 찾아와 큰 키를 세우고 서 있는 이 고마운 꽃은 북아메리카에서 바다를 건너온 꽃이다. 이 꽃을 누가 우리나라에 가져왔을까? 불현듯 전주예수병원 '마티 잉골드' 노랑머리 여선교사의 기사가 떠올랐다. 1897년, 당시 한국은 가난과 질병으로 말로 할 수 없는 어려움을 겪던 시기였다. 그런 한국인을 위해 의료 선교사를 자원한 이가 있었다. 미국 볼티미어 의과대학을 수석으로 졸업한 뒤 전주로 온 푸른 눈의 의사 '마티 잉골드' 였다.

전주예수병원 최초의 설립자인 그분을 만나 보지는 못했지만, 그 선교사는 사랑의 수고를 몸소 실천했던 분이다. 126년 전 1898, 11월 3일, 전주성 서문 밖 은송리에 조그마한 초가에 진료소를 세운 후 가난하고 소외된 한국인을 위해 첫 진료를 시작했다. 머나먼 아메리카에서 온 푸른 눈의 '마티 잉골드' 선교사와 키다리 꽃이 겹쳐지는 건, 60년 전 아버지가 병환으로 예수병원에서 치료를 받고 돌아오신 인연 때문이기도 하다. 아마 그 병원이 없었다면 아버지는 젊은 나이에 세상을 떠나 우리에게 큰 아픔을 주었을 것이다. 어찌 나의 아버지뿐이겠는가. 수많은 사람이 그녀가 뿌린 씨앗으로 인해 많은 열매를 거두었을 것이다. 그때, 그 병원에서 받아온 손바닥만 한 성경이 우리 자매들을 기독교 신앙으로 인도해 주었고, 엄마도 세상을 떠나실 때 환한 얼굴로 천국의 종소리가 들리신다며 찬송을 부르시다 눈을 감으셨다.

서른살 처녀의 몸으로 고향을 떠나 노스캐롤나이주에서 샌프란시스코를 거쳐 하와이 호놀룰루에서, 다시 일본 요코하마로, 인천 제물포에서 전주까지 먼 길을 찾아온 노랑머리 선교사. 가난하고 아픈 이들을 위해 자신의 몸을 던졌던 그분의 사랑처럼, 노랑꽃은 나에게 자애로운 미소를 보내고 있다.

꽃대가 바람에 쓰러져 아예 누워서 고단한 꽃을 피우고 있다. 병고에 시달리면서도 환자를 돌봐야 했던 마티 잉골드 '선교사'의 숭고한 모습을 보는 듯하다.

흔적

신혼. 새집 거실에 그림 한 점을 걸어두고 싶었다. 화가에게 그림을 주문했다. 완성된 그림 속에는 아늑하고 평화로운 언덕이 펼쳐져 있고, 아담한 교회당 옆에는 종탑이 세워져 있다. 저물녘 종소리가 은은히 울려 퍼지면, 스산한 마음도 맑은 종소리와 함께 사라질 것 같은 분위기를 밝은 색조로 표현하고 있다.

산 뒤에는 푸른 바다가 하늘과 맞닿아 있어, 가슴 후련한 풍경이다. 마을 앞 신작로 옆으로 시내가 흘러가며 여유롭다. 그림 속에는 젊은 날의 땀과 행복, 병고의 슬픔이 극명하게 점철되어 있다. 지치고 울고 싶을 때 그 그림을 바라보면 알 수 없는 평화와 위로의 힘이 나를 다독여 주었고, 헛웃음이라도 웃을 수 있는 에너지를 공급받기도 했다. 늘 분주한 삶 속에서 안정감을 잃어갈 때, 마음의 풍랑을 잠재우며 안식을 누리게 하는 묘약 같은 힘이 느껴지기도 했다.

아이들이 자라 먼 곳으로 학업을 위해 떠나간 집은 퇴색되어가는 거실의 마룻바닥처럼 허무감이 밀려왔다. 지나온 삶은 무엇인가를 이루고자 하는, 물질적인 욕구에 집착해 메마르고 퍽퍽한 광야 같은 삶이었는지도 모른다. 그러나 광야에서도 어렵사리 꽃을 피우는 식물이 있듯 아이들이 잘 자라 주었고, 사막에서 오아시스를 만나듯 건강이 치유되는 기적 같은 삶이 찾아왔다. 그 집에서 사는 동안 병고의 기억과 그 흔적들을 잊고 싶어 이사를 하고 싶었다.

새로 이사한 주택에는 친구 오빠 칠순 개인전에서 '배'를 주제로 그린 그림 한 점을 사들여 걸어두고 있다. 젊은 시절 바라보던 그림에 꿈과 소망이 담겨 있다면, 이 그림의 주제는 흔적이다. 물이 빠져나간 포구에 낡은 나룻배 한 척이 세월의 무게에 눌려 어둡고 무거운 느낌이다.

나룻배 본래의 기능을 잃고, 비바람에 풍화되고, 햇볕에 산화되어가는 배는 남루한 옷을 걸치고 있는 노구의 모습이다. 언젠가 이런 모습으로 이 땅을 떠날 내 미래의 모습을 미리 대하고 있는 것 같아 서글퍼지기도 하고 어떤 때는 숙연해지기도 한다. 큰 꿈을 안고 출항하는 배도 아니고 만선의 풍요를 안고 입항하는 배도 아니다. 사라짐의 세계로 침잠해 들어가는 이 그림이 우리 집에 오기까지, 남아 있는 삶을 단순하게 여유를 누려 보고자 하는 또 하나의 욕심이 함께 따라 왔는지도 모른다.

내려놓는 삶이 쉽지 않다. 눈을 감는 순간까지 집착의 끈을 놓을 수 없는 게 삶일까. 어둡고 침울한 그림을 바라보면, 아름답고 화려한 모든 것들이 이런 흔적을 남기며 사라질 것이라는 경고 표지판 같아, 새로운 물건을 사지 않겠다는 생각이 들 때도 있다.

그 그림은 잘 정돈된 서가를 바라보듯, 내 내면의 세계를 정리해보는 묵상의 시간이 되기도 한다. 무의식적으로 꼭 쥐고 있던, 주먹을 살짝 펴는 연습을 하기도 하고, 머리를 도리질하며 복잡한 생각들을 버리는 연습도 하게 한다. 세상 모든 물질은 이렇게 흔적을 남기지만, 그 흔적마저도 어느 순간 바람처럼 사라져 간다는 자연의 이치를 깨닫게 해 준다.

한 척의 배는 집착하고 있던 물질관이나 굴레에 묶인 정신세계에서 영원한 안식의 세계로 침잠해가고 있다.

빈빈 문화원

30년 전 부산 경남 전문대학에서 유병근 선생님께 문학 수업을 잠시 받았다. 선생님의 온화한 성품 덕에 차분하지도 못한 내가 수업을 받을 수 있었는지도 모른다. 나는 생각만 앞서고 글을 쓸 수 있는 자질이 부족했다. 문학반에 등록은 했지만, 책방 운영과 삼 남매 뒷바라지를 핑계 대며 수업을 지속할 수가 없었다. 그런 중에도 함께 수업하던 문우들과 '동서문예'라는 잡지를 창간하며 매년 책을 발간하는 보람을 느끼던 때도 있었다. 그 후 여러 가지 사정으로 문학 동우회를 잊고 살았다.

세월이 흘러 문우들은 등단도 하고 문학 활동을 하는 그들의 모습이 부러웠다. 그 무렵 유병근 선생님이 빈빈 문화원에서 문학 강의를 하고 있다는 소식이 들려왔다.

문화원은 작은 건물이지만 방송국이 옆에 있고, 남천 성당 옆이라 묵직하고 중후한 느낌이 들었다. 빈빈이라는 낯선 문체가 나를 맞아주었다. 彬彬 문채와 바탕이 함께 갖추어져 빛남이 적절하여 조화로운 모양이라는 뜻이라고 한다. 빈빈은 잘 어울린다는 뜻일까. 겉도 아름답고 속도 아름답다는 뜻일까. 허물이 없다는 뜻도 있다. 인간과 자연이 조화롭게 살아가고, 멀리 갈 것 없이 부부가 서로 친구처럼 잘 지내는 일도 빈빈이라는 말과 어울리는 말인 것 같다. 이 건물을 욕심 없이 내어준 주인의 마음이 바로 彬彬이 아니겠는가!

일주일에 한 번 빈빈을 찾았다. 대신동에서 가야에 있는 사무실에 출근했다가 지난 주일에 써 두었던 글 한 편을 인쇄해서 남천동 문화원을 향해 가는 날은, 기쁨이 충만하기도 하고, 큰 꿈을 이룬 사람 마냥 마음은 높이 날아오르기도 했다.

처음 문학의 길로 안내해 준 유병근 선생님을 다시 만났다. 깊은 물속을 들여다보듯 선생님의 성품은 청정하고 고요하신 분이다.

2016년 9월 6일 화요일 수업 메모다

수필도 상식에서 벗어나야 한다. 개인에 머물지 않고 우리 사회와 접목을 이루고 공감할 수 있어야 한다. 수필에서 한마디 건질 게 있으면 작품 자체를 살릴 수 있다.

사물을 보는 눈이 치열해야 한다. 좋은 구절 하나를 떠올리며 그 수필을 떠올리게 된다.

문학이란 따지고 보면 모두 표절이다.

하지만 표절한 것 같지 않게, 표절 흔적이 보이지 않을 때 새로운 창작이 된다.

수필은 재미도 있어야 하지만 새롭게 깨닫게 하는 일이 있어야 한다.

글감을 못 찾아 애를 태울 때 선생님의 전광석화 같은

"글감은 우리 가까이에서 찾아라."

"말을 아끼고 써라."

7년 전 빈빈 문화원에서 듣던 수업 시간에 메모해 두었던 글을 적어보며, 선생님의 수업을 다시 듣는 시간이다.

수강생들보다 항상 먼저 오셔서 칠판 옆에 서 계시던 선생님은 영락없는 선비셨다.

유병근 선생님은 빈빈이라는 이름을 남겨두시고 돌아올 수 없는 곳으로 떠나셨다.

유병근 선생님과 빈빈 문화원 덕에 2011년《문학 도시》등단 2013년《수필과 비평》으로 등단하는 기회도 얻었다.

엉덩이를 붙이고 앉아 수업을 듣고 글감을 쓰다 보니 집중력이 부족한 나 같은 사람도 글을 쓸 수 있게 된 것 같다.

이 건물의 젊은 주인이 궁금하기만 했던 어느 날, 문화원 원장님을 만났다. 냇물에서 세수하고 일어서는 아씨의 품새다.

목마름을 해결해 준 빈빈 문화원 김종희 원장님의 예지력에 찬사를 보낸다

내가 사는 삼봉산은 눈보라가 휘날리고 앞이 보이지 않는 밤중이다.

3부

반달

콩나물 대가리

콩나물을 물에 담그고 말았다. 감투처럼 대가리에 깍지를 덮어쓴 콩나물이 오롯이 모여 나를 쳐다본다. 두세 번 씻어도 깍지를 제거하는 일이 쉽지 않다. 물에 떠오른 깍지를 조리로 건진다. 그래도 대야 밑에 콩나물 대가리가 샛노랗게 가라앉아 있다. '나를 버리지 말아 주세요.' 하며 쳐다보는 모습이 애처롭다.

콩나물을 가리다 보니 음표를 콩나물 대가리라고 하는지 이해가 된다. 모자를 덮어쓴 검은 콩나물을 거꾸로 세워보니 8분음표, 꼬리가 두 개 달린 건 16분음표, 세 개가 달려 머리를 산발한 녀석은 32분음표다. 꼬리를 자르고 보면 줄기하고 머리가 있는 녀석은 2분음표, 머리만 남은 것은 온음표다.

남편에게 아는척 할 수 있는 건 그나마 음악이다. 학교 다닐 때 공부를 잘했다고 자랑하는 그이지만, 시골 초등학교 때 음악이론을 전혀 배우지 못해 음악이 어려웠다고 실토하는 그이다. 결혼 전 교회에 다니겠다고 철석같이 약속을 했던 그이는 여러 가지 핑계로 자녀들이 모두 성장한 후에야 신앙생활을 하고 있다. 악보를 잘 몰라도 한 번 들은 찬송은 잘 기억하고 음감이 좋은 편이다. 그이가 늦은 나이에 색소폰 레슨을 받으며 노후에 취미 생활을 즐기고 있다. 요즘은 시골이라 해도 여러 가지 문화생활을 지원해 주고 있어 아쉬운 것이 별로 없는 시대다.

나도 오랫동안 음악을 좋아하고 음악 속에서 사는 것 같지만 절대 음감이 절대적으로 부족한 사람이다. 오랫동안 성가대에서 합창을 했지만 소프라노를 벗어나지 못했다. 어느날부터 알토 인원이 줄기 시작했다. 지휘자는 알토 지원을 요청했다. 지원자가 없었다. 걱정은 되었지만 제일 연장자인 내가 지원해야겠다고 결정했다.

그때부터 고난의 행군은 시작되었다. 시원하게 소리를

내는 묘미도 없는 앨토음은 별 매력이 없었다. 다시 고음 파트로 가고 싶었다. 하지만 이미 강은 건너오고 말았다. 멀리 떠나간 배를 부를 면목도 없고, 또 사공의 귀에 내 소리는 들릴 리도 없다. 고음 파트는 나 한 사람 없어도 높은 파도 소리처럼 바다를 들썩이고 있다.

모래사장에 나 홀로 남겨진 것 같은 허무함이 밀려오던 어느 날, 내 옆에 앉아서 묵묵히 알토음을 내는 집사님이 바라보이기 시작했다. 어떤 음이라도 그 소리를 내는 절대 음감의 소유자였기 때문이다. 소리에 집중이 되지 않을 때 그분의 소리에 귀 기울이면 소리를 바로잡을 수가 있었다.

절대음감은 타고난다는 말이 있다. 나 같은 경우는 노력해도 힘든 일이 음정을 잡는 일이다. 이제는 불평 대신 알토 파트에서 꼭 필요한 존재가 되리라 마음을 다지게 되었다. 들러리 같은 존재가 저음이기도 하다. 그러나 저음의 매력은 깊은 울림에 있다. 나이가 들면 고음을 내기도 쉽지 않거니와, 목도 피곤할 것이다.

가장 꽃다웠던 시절 부산 연지동과 초읍 경계 지점에 있던 성광교회에서 풍금 반주자로 봉사했던 시절이 떠오른다. 이제는 뒷방으로 밀려난 풍금 소리가 그리운 날이다.

클로버 1

겨울인데도 사과밭 고랑에는 클로버가 지천이다. 유럽이 원산지라고 하지만 어렸을 때부터 토끼풀이라 부르던 친숙한 식물이다. 푸른 고랑을 걸으면 부드러운 카펫 위를 걷는 기분이다.

몇 년 전 귀촌을 해서 아무런 지식도 없이 사과 농사를 시작했다. 인월은 내가 태어난 곳이고 친정이 있는 곳이지만 그이는 처갓골에 와서 시험적인 삶을 시작했다. 사과밭에서 바라본 확 트인 전망에 마음을 빼앗긴 탓이 아니었을까.

첫해는 친정 동네 아낙들이 와서 사과꽃을 따고, 열매를 솎고 그들과 함께 농사를 지었다.

"일에 묻히고 싶으면 사과 농사하라고 하는데, 고생을 사서 할라고 이러시요잉!"

아우뻘 되는 이에게 그 소리를 듣고 '세상에 힘들지 않은 일이 있을까?' 못 들은 척 얄궂은 미소만 흘렸다. 홍로 사과는 꽃이 엄청나게 많이 피는 나무라 꽃 따는 일손이 많이 필요하다. 첫해 사과꽃을 따는 날이었다. 밥을 먹다 말고 "형님 선물이요. 네 잎 클로버!" 하며 그녀가 잎 하나를 쑥 내민다. 함박꽃처럼 밝은 웃음을 띤 아낙이 주는 행운의 네 잎 클로버….

네 잎으로 된 클로버를 선물로 받아보기는 처음이다. 어쩌다 친구들이 행운의 클로버를 찾았다고 펄쩍 뛰는 모습을 보며 은근히 샘을 내던 일, 토끼풀 꽃이 하늘을 향해 피어오르면 그 꽃으로 반지를 만들어 친구 손가락에 끼워주던 일, 늦잠 말썽꾸러기 나를 위해 아버지가 사 주신 토끼를 처음 키우던 때, 토끼풀을 베어다 주면 귀여운 입을 오물거리며, 맛있게 먹던 흰토끼의 붉은 눈은 유년의 그림이다.

겨울을 견딘 클로버는 서로를 의지해 주며 추위가 무색

하리만치 푸르게 하늘거리고 있다. 밭고랑을 걸으며 '행여나 네 잎이 내 눈에 띌까' 하는 생각으로 집중해서 바라보았다. 눈이 피곤해져 포기하려는 순간, 다르게 보이는 잎을 살짝 들추니, 진짜 네 잎이다. 사과밭을 가꾸며 온 3년이란 시간이 한순간처럼 보였다. 감사 기도가 나왔다.

산벚꽃이 흰나비처럼 난분분하던 날, 뒷산을 걸으며 무수히 떨어지던 그 꽃잎 하나를 내 손에 잡겠다고 오른손 왼손을 받쳐 들고 몸을 움직였던 때가 있었다. 그러나 번번히 내 손을 벗어나 꽃잎은 날아갔다. 잡힐 것 같은 어떤 순간들이 멀어질 때의 아쉬움이 때때로 허망함이 되기도 했다. 잡히지 않은 행운을 찾느라 발밑에 수북이 쌓인 행복을 그냥 밟으며 오만하게 살아온 것은 아니었는지. 내 속내가 거울을 보듯 되비치는 시간이다.

사과밭 고랑을 서성거려본다. 붉은 군대가 몰려오듯 붉게 익어가는 사과밭 풍경을 상상하면서….

일 잘하는 남자

귀농한지 40여 일이 지났다. 부산은 지금 벚꽃이 함박눈처럼 휘날리고 있을 터인데 상우리의 봄소식은 느리기만 하다. 꽃망울들이 야문 콩처럼 돌돌 말려 언제 웃음을 터트릴지….

마음이 스산하여 창문을 열면 먼 어느 나라처럼 흰 눈이 펄펄 나리는 저녁 대신동 집이 눈앞에 탑처럼 서 있다. 지금쯤 부산 집에는 비단결 같은 모란 잎이 흔들리고 줄기 끝에 아기 입술 같은 꽃송이가 뾰족한 입술을 내밀고 있을 때다.

소녀 시절 고향을 떠나 부산 살 때는 밤마다 향수병에 시달리곤 했었다. 하지만 지금은 50여 년을 살았던 부산이 그리워지는 건 살아온 세월과 삼남매의 고향이 그곳이기 때문이다.

이웃분의 말이 상우윗길에 벚꽃이 피고 열흘 정도 지나면 홍로사과 꽃이 핀다고 했으니 날이 가면 사과 꽃은 시나브로 피아나리라.

그이는 추운 날도 진눈깨비가 오는 날도 사과밭으로 나간다. 함께 갈 수도 있지만 특별한 일이 없는 날은 따뜻한 차를 보온병에 넣어 한 번씩 밭에 다녀온다. 홍로 사과밭 사천 평, 천삼백 그루의 사과나무를 키우는 일이 어떤 일인지 아직은 모른다. 2월에 가지를 치고 거름과 비료, 영양제를 살포했다. 사과나무를 먼저 심어 가꾸던 분의 가르침을 그이는 잘 따르고 있다.

창문을 열면 인월면 소재지가 한눈에 보이고 드넓은 사과밭이 펼쳐진다. 보지 않으려고 해도 그이의 일하는 모습이 아련히 보인다. 어떤 때는 구부려서 풀을 뽑고 어떤 때는 아예 흙 밭에 앉아 풀을 뽑고 있다. 주위 분들이 아직 초보라 풀을 호미로 매지만 나중에 풀이 많이 자라면 예초기로 베어주면 된다고 얘기한다. 하지만 그이의 생각은 다르다 '쑥 뿌리나 크로바 뿌리가 사과나무의 잔뿌리를 감으면 얼마나 답답하겠느냐'며 자기의 생각대로 나무 옆에 잡풀들을 뽑아주는 일을 하고 있다. 쳐다만 보아도 힘든 일이라 생각되지만, '하루에 백 그루 정도 나무 주변의 풀을 뽑아내니 열흘 넘게 하면 끝이 난다.'며 가볍게 얘기한다. 그이는 어물쩍 넘어가지만, 함께 사는 나의 일이 만만치 않음을 느끼는 순간이다.

베란다 너머 땅에 꿇어 엎드려 호미로 풀뿌리를 캐고 있는 그이를 보며 영국 시인 워즈워스의 말이 떠오른다. '지혜는 우리가 몸을 곧추세울 때보다 굽힐 때 가까이에 있는 경우가 더 많다.' 농사일은 그이에게 천직인지도 모른다. 곧이곧대로 살고자 하는 그의 천성은 나무나 식물의 이미지와 많이 닮았다. 선의의 거짓말도 하지 못하는 사람이다. 세상 잣대로 보면 융통성이라고는 찾기 어려운 성미라 답답하기도 하다.

어쩌면 유년의 아픈 기억들이 그를 부지런하게 만들었는지도 모른다. 농사가 많은 이웃들이 풍성한 가을을 추수할 때에 변변치 않은 가정의 장남이었던 그이의 허한 마음은 가을의 넓은 들판에서 수확을 하고 있는 자신의 모습을 상상 했으리라. 이곳에 오기 전 그이의 고향 경남 창원 부

모님 산소가 있는 밭에서

"당신 노후에 이명리에 살고 싶어요?"

묻는 내게 망설임 없이

"내 고향 사월!" 이라 얘기했었다.

그가 말하는 '내 고향 사월'은 내가 태어난 고향이다. 얼마나 내가 고향을 노래했으면 이곳으로 농사를 지으러 왔을까. 내게는 막중한 책임감이 따른다. 젊은 시절 그이는 책 도매업을 하고 나는 책방을 할 때였다. 삼남매를 키우며 몸이 허약했던 나는 꿈을 자주 꾸곤 했었다. 기억도 못하는 꿈을 꾼 적도 많았지만 지금도 뚜렷하게 기억하는 것은, 그이가 소를 몰고 쟁기질을 하며 나는 그 뒤를 따르는 꿈이다. 그 모습이 너무 행복하게 각인되어 '내가 언젠가 농사를 짓게 되지 않을까' 하는 꿈을 가져보기도 했었다.

그러고 보니 40여 년 전 결혼식 때 성악가 노성철 님이 불러준 노래 '앞산과 시내는 예같이 흐르고 총각은 밭 갈고 처녀는 베 짜서 기쁘게 살도록… 오라'가 들려오는 듯하다. 그러고 보면 무슨 일의 시원은 우연히 일어나는 게 아니라 내 속에 잠재하고 있던 생각들이 모여서 이뤄지는 것이 아닐까. 작가 박경리 선생의 시 제목처럼 '일 잘하는 사내'를 만났으니 나는 무얼 할까.

며칠 전 방천이 난 벌거벗은 황토 언덕에 수선화를 심는 일을 시작했다. 작은 오빠 집에 무더기로 돋아난 수선화를 캐다 한 뿌리씩 언덕에 심었다. 하얀 수선화 꽃이 하늘거리며 황토 언덕을 덮는 날 '수선화'를 불러주리라. 일 잘하는 남자의 손을 잡고 그의 등에 앉은 봄빛처럼….

인월 장날

장날이 돌아오면 무서웠다. 호랑이 없는 굴에 토끼가 왕 노릇한다더니 우리 언니가 그랬다. 부모님이 흰 한복으로 갈아입고 장에 가시는 날이다. 동생과 나는 매서운 언니 눈을 피해 가는 곳은 동네 쉼터 '막덕거리'다. 한 살 아래 동생과 빠꿈살이나 공개놀이를 하기에는 그곳이 제일 편하다.

다섯 살 위의 언니는 우리가 집을 어지럽히는 꼬락서니를 보지 못한다. 언니의 분노에 따라 동생과 나는 커다란 뒤주에 갇힌 적도 몇 번 있었다. 뒤주에 갇힌 동생의 숨넘어가듯 우는 소리는 작은 동네가 들썩였다. 그런 형국을 당하지 않으려면 집을 빠져나오는 곳이 가장 현명한 일이라는 것을 알게 된 일곱 살이다. 나는 담대한 언니와는 다르게 늘 심장이 두근거리고 겁이 많았다. 난리 통에 뱃속에서 놀랠 일이 많았기 때문이라고 엄마는 나를 위로해 주셨지만….

공기놀이, 자치기도 시들해지면 턱을 괴고 덕두산을 바라보고 있으면 그 거대한 삼각산이 가까이 다가와 말을 거는 것 같았다. 인월 장터에 대한 궁금증이 더해질 무렵, 근위병처럼 서 있는 키다리 포플러 나무 사이로 중절모를 쓴 아버지 두루마기 자락이 나풀거리고, 엄마의 흰 치마저고리가 희끗희끗 보이기 시작한다. 나도 모르게 벌떡 일어나 신작로를 달려가던 그때, 세상은 온통 내게로 달려오는 것 같았다. 아버지가 어깨에 메고 온 망태 안에는, 내 손가락을 닮은 손가락 과자, 눈깔사탕, 파래 맛 센베이 과자가 들어 있었다.

큰오빠가 결혼해서 우리가 살던 집에 살게 되면서, 작은 오빠가 직장을 다니며 모은 돈으로 장터 옆에 집 한 채를 살 수 있었다. 평화로운 산밑 동네를 떠나 초등학교 3학년 무렵 학교가 가까운 장터로 이사를 했다. 그 집에는 제법 깊은 우물이 있었다. 가물 때면 물이 마르는 우물을 들여다볼 때마다 용주마을 산밑에 샘솟던 샘물을 두고 온 일이 못내 아쉬웠다.

그 집은 점포가 딸린 방이 많은 기와집이었다. 큰길 옆에 있는 대문을 들어서면 우물과 아래채가 보였다. 허름한 아래채 마루에서는 꽈배기를 만드는 아저씨가 살았다. 커다란 기름 솥에 꽈배기를 튀겨서 장에 내다 팔았다. 가끔 부러진 꽈배기를 얻어먹었는데 그 맛이 고소하고 달콤해서 장날이면 우물 옆에서 얼쩡거리곤 했다.

"언니, 그 집을 사게 된 일이 우리 집이 몰락으로 가는 지름길이었을까?"

곤혹스러운 내 질문에 깊이 고뇌하는 언니의 모습이 우스꽝스러웠다.

"음……. 그 집에서 아버지가 건어물 장사를 하시던 일 기억나? 남원 도매시장에 가서 물건을 사 오면, 물건을 팔아야 하잖아."

"응, 한복을 입고 카이제르 수염을 쓸어 올리며 손님 응대하는 모습이 재미있었지."

"그때, 아버지 장사하시는 게 수입보다 적자가 나고 있었어. 하루는 아버지 옆에 서서 내가 한 마디 했잖나!"

"아버지, 피문어 한 마리에 얼마에 가져옵니까?"

"어허! 어른들 하는 일에, 네가 비단장사 왕서방이냐?"

"아버지! 그래도 이문이 남아야 식구들 먹고살지요!"

언니는 친구들과 장사 놀이할 때, 알사탕이나 손가락 과자 팔고 감나무 이파리 돈을 받으며 신나게 놀고 있을 때, 아버지는 쓸데도 없는 이파리 받아서 뭐 하냐고 하시며 꿀밤 한 대 먹이던 기억을 떠올렸다.

"아버지! 장사가 빠꿈살이는 아니잖아요!"

장사의 원리를 설명하는 언니에게

"네가 안다니 박사야! 어디다 종주먹을 들이대느냐?"

며 호통을 치시는 바람에 대가 차고 야무진 언니지만 물러설 수밖에 없었다고 한다.

언니는 장녀라 나와는 다른 구석이 있었다. 반질거리는 수염을 양손으로 쓸어올리시며 멋쩍어하시던 아버지 흉내를 내는 언니 연기에 파안대소하고 말았다.

그 웃음 속에는 나만의 비밀도 숨어있다. 집이 크다 보니 인월 장날이면 먼 친척들이 우리 집에 모이기 시작했다. 그때는 시끌벅적한 그 집을 벗어나고 싶었다. 아무도 모르게 마른 오징어 한 마리 들고 람천 바위에 앉아 오징어를 곱씹을 때, 무심한 강물이 흘러가듯 우리 집은 쇠락해가고 있었다.

자수성가한 할아버지에 비해 유약하기 이를 데 없는 아버지에 관한 얘기는 수없이 많다. 그나마 명맥을 유지하던 가게가 있던 장터가 새 장터로 옮겨가게 되면서 상품을 진열하던 선반은 비어가고 있었다. 그런 중에도 몇 가닥 남은 미역을 산달이 가까워져 오는 어려운 집에 나누어 주려고 몫을 지어 두시던 아버지의 인정은 어디서 솟는 것이었을까….

조부께서 지어주신 정곤이라는 이름보다 본인이 개명한 계수라는 이름을 사랑하셨던 아버지. 친구분이 송강이라는 아호를 지어 주셨는데, 그 아호를 자랑스레 여기셨다. '청산리 벽계수야 쉬이 감을 자랑 마라.' 장날이면 거나하게 막걸리 한잔 드시고, 시조 가락 읊으시던 아버지는 지금도 둥근 달 속의 계수나무 한 그루로 남아있다.

운봉 서어나무 숲

내 생에 가장 더운 2023년 여름, 기후 위기라는 말을 온몸으로 느끼는 날이다. 운봉 행정마을 이정표를 따라 바지런히 5분 정도 걸었다. 시원한 숲으로 빨리 가고 싶은 마음에서다. 옆으로는 백두대간 고리봉에서 흘러온 람천강이 인월을 향해 부지런히 내달린다. 마을 옆으로 강이 흐르고 야트막한 산이 누워 있고, 벼가 익어가는 들이 풍요롭다.

눈앞에 신비한 숲이 나타났다. 이름도 독특한 개서어나무 숲. 허리 굽은 인생들이 먼길 떠나려다 잠시 멈추어 선

것 같은, 정처 없는 나그네의 모습이다. 회색빛의 나무껍질은 시베리아 벌판에서 자라는 자작나무 등걸을 닮았다. 자작나무가 서어나무를 닮은 것인지. 두 나무는 유전자가 비슷한가 보다. 자작나뭇과 서어나무라고 한다. 근육질의 남성미를 느끼게 하는 서어나무의 모습이 독특하고 인상적이다. 세상의 어려움을 항변하지 않고 몸속에 부단히 누르며 살아온 마음의 표현일까. 노구의 허리를 약간 구부리고 긴장한 듯 서 있는 모습은 나에게 무슨 얘기를 하는 것만 같다.

긴의자에 앉으니 시원한 바람이 몸과 마음을 흔든다. 멀지 않은 곳에 백두대간의 영봉들이 구름 아래 병풍처럼 펼쳐져 있다. 낙원이다. 우리나라 십승지 중 한 곳인 지리산 아래 운봉고원에 숨겨놓은 보석 같은 숲이다. 이 숲을 나가면 불볕 날씨지만, 이 숲에만 들어서면 서늘한 바람 속을 걷는다. 느티나무 잎을 닮은 푸른 잎들이 거대한 우산처럼 작열하는 태양을 막고 있으니 햇빛은 완전 차단 지대다.

남원시 운봉읍 서어나무 숲은 200여 년 전 마을의 허한 기운을 막기 위해 풍수 사상설에 따라 조성한 비보림이다. 산림의 천이 과정이 극상 수종인 서어나무로 구성된 군락지이다. 2000년 산림청 주관 제1회 '아름다운 숲' 에 선정된 곳이기도 하다. 서어나무 숲의 내력은 1800년경으로 거슬러 올라간다. 창녕조씨들이 모여 살며 마을이 형성되던 때, 어느 노승이 이 마을을 지나면서 지리산 정기가 이곳에 모여지는 길지인데, 해로운 바람이 불어와서 마을이 허한 기운이 들어오니, 마을 주위를 돌로 쌓거나 나무를 심으면 좋겠다는 조언을 듣게 되었다.

마을 어른들이 의논해서 마을에 여러 번 나무를 심었지만, 숲을 이루지 못하고 나무들이 죽었다고 한다. 그 후 다시 조성한 나무가 개서어나무인데 이 나무들이 200년 동안 무성한 숲을 이루고 있다. 100여 그루의 나무들이 자라다 지금은 80여 그루가 숲을 지키고 있다. 서어나무 숲이 조성되고 난 뒤부터 마을은 수해도 겪지 않고 마을이 평화로웠다고 하니 숲의 혜택을 누리고 있는 마을이다.

건강해 보이는 나무도 많지만 몇 그루의 나무는 골다공증을 앓고 있는 것처럼 둥지가 동굴처럼 비어져 가고, 가지는 고사목이 되어 부러져 있는 모습은 허리 굽은 부모님을 바라보듯 마음이 아리다. 울퉁불퉁하고, 둥지의 빛이 특이한 개서어나무는 후계목이 없다는 사실을 알게 되었다. 남원시에서는 오랜 연구끝에 후계목이 없다 보니 개서어나무와 비슷한 수종의 나무를 심어 숲을 조성하고 있다.

기후 위기에 맞설 대안으로 숲을 조성하고 나무를 가꾸는 일은 지상의 과제이기도 하다.

후계목이 자라지 않는 개서어나무. 지금 살아 있는 나무들이 마지막 나무라 생각하니 나무 한 그루, 한 그루가 귀하게 느껴진다. 무엇이 우리를 살게 하는 힘인지….

개어서나무를 보면서 나는, 내가 걸어온 길을 돌아보았다.

미꾸라지를 잡다

내가 태어난 산밑 동네에서는 우리 아빠가 하고자 하면 안 되는 일이 없었다. 시냇가에 가서 족대로 물고기 잡기, 논에 가서 미꾸라지 잡기, 앞산에 가서 산나물 캐오기, 머루, 다래 따오기, 뒷산에 밤 따오기, 감, 돌 사과, 돌배, 고염 등 세상에 원하는 것은 다 있는 곳이 우리 동네 용주리다.

나는 코를 줄줄 흘리고 다니며, 다른 애들보다 달리기도 못 하고, 겁도 많고 잘하는 게 없었다. 급기야 동네 친구가 나를 코주부라는 별명까지 지어 주었다. 내가 코를 많이 흘리고, 내 형색이 그랬으니 참아 줄만도 했다. 여름은 견딜 만하다가 환절기 때만 되면 그 증세가 심해졌다. 나오는 코를 감당할 수 없이 코를 저고리 끝으로 쓱 닦다 보니 코가 묻은 골덴 저고리 소매 끝은 늘 반질거렸다. 어느 날 '궁구리' 라는 별명은 가진 사내애가

"봉님이 가시나 코주보대장이다!"

하며 나를 놀리고 달아나는 것이었다. 그 사내아이를 잡겠다고 달려가다 고샅길에서 넘어져 무릎이 깨지는 수난을 맛보았다. 그 이후로 동네 사내애들이 나를 보면

"봉님이 아부지 땡아리 수염이다!"

하며 놀려 대는데 부아를 삭일 수가 없었다.

땡아리라는 물고기는 우리 동네 냇가에 자라던 지독하게 못생긴 물고기 이름이다.

"그 녀석은 내 수염이 멋진 수염이라는 걸 모르기 때문이지!"

하시며 점잖게 수염을 정성스레 쓸어 올리시던 모습이 세상에서 제일 멋져 보였다.

11살 무렵 용주리에서 인월면 소재지로 이사를 했다. 그곳에는 나를 코주보라 놀리는 사람도, 아버지 수염이 어떻고 하는 아이도 없었다. 이사한 지 얼마 되지 않아 우리 집

은 조용해지기 시작했다. 아버지가 몸져누우신 거다. 엄마의 걱정이 시작되고, 어두운 그늘이 드리워지기 시작했다. 결국 전주 예수병원에 가서 수술을 받고 오셨다.

큰 수술을 받고 나면 잘 드셔야 한다며 엄마는 추어탕을 자주 끓이셨다. 초등학교 4학년 무렵이다. 흰 국솥에 끓여둔 추어탕을 한 그릇 먹은 후, 작은 들통에 바가지 하나를 담아 집을 나섰다. 제법 큰 시내를 건넜다. 물이 적은 때라 징검다리를 건넜는지, 월평 다리를 건너갔는지는 기억이 가물가물하다. 벼를 베고 난 논 자락이 보여 눈을 크게 뜨고 미꾸라지를 잡을 만한 곳을 골라 자리를 잡았다. 용주마을 살 때, 아빠가 미꾸라지 잡는 것을 몇 번 보아온 터라, 별 어려움은 없었다. 먼저 물이 자작한 논 옆에 물고랑을 막은 후, 물을 퍼낸다. 미꾸라지와 전투가 시작되는 순간이다.

제아무리 미꾸라지라고 하지만 물이 없는 곳에서는 제 기능을 발휘할 수가 없다. 약간 위쪽에서부터 두 손으로 흙을 살살 파보면 미꾸라지라는 녀석들이 누르스름한 배를 보이며 '이제 나를 데려가라'는 몸짓은 겁낼 것도 없는 친근한 몸짓이다.

그때 살짝 담기만하면 들통 안에 든 미꾸라지다. 들통

안에 약간의 물을 담아주는 게 미꾸라지에 대한 최소한의 예의다.

황산으로 해가 넘어갈 때까지, 미꾸라지가 눈에 보이지 않을 때까지 미꾸라지를 잡은 날, 그래도 체면은 있어 물가에 앉아 얼굴 씻고 훌쩍이던 콧물도 시원하게 풀고, 바지에 묻은 흙을 물에 씻고 의기양양하게 집으로 돌아오던 날 집에서는 난리가 났다. 어두워도 돌아오지 않는 딸내미 찾으러 인월 동네를 다 돌아다닌 엄마의 부아가 가라앉고 나는 '미꾸라지 잡는 귀신' 이라는 이름을 얻었다. 항아리에 담아두면 겨우내 우리 밥상에서 떠나지 않았던 구수한 추어탕이었다.

기억은 추억이 되고 또 추억은 현재를 걸어가는 웃음이 된다. 내게 고향은, 가족은 그런 웃음의 원형인 셈이다.

반달

남천동 빈빈 문화원 옆에 있는 식당 벽에는 '안동칼국시. 황해도 만두' 등 메뉴판이 높이 걸려 있다.

'황해도' 한 번도 가 본 적이 없는 그곳이 정감이 가는 것은 왜일가! 뜨끈한 만두 국물을 음미하며 먼 황해도를 그려본다.

〈압록강은 흐른다〉를 쓴 이미륵 선생님의 고향이 황해도 해주다. 그분은 책을 통해 천진한 소년의 모습으로 말을 걸었다.

또 한 분 백범 김구 선생님의 고향이 황해도 해주다. 백범일지를 통해 선생님처럼 내 등을 한 번씩 두드려 주셨던 분이다. 두 분은 오래전에 세상을 떠났지만, 책을 통해 뜨거운 열정을 느꼈으며, 진지한 태도로 그분들을 대하게 되었다.

만두의 반달 모양에서, 흘러가는 나룻배와 '주애보' 라는 처녀의 모습이 겹쳐진다.

하련생이라는 중국 여류작가의 〈선월〉이라는 소설 속의 김구 선생과 주애보의 애련한 이야기가 궁금해진다. 김구 선생이 중국에서 독립운동을 하며 망명 생활을 하던 때, 5년간 선생을 도운 처녀 사공 주애보의 얘기는 마음을 아리게 한다. 백범일지의 '기적 장강 만리풍'에서 잠시 언급했던 처녀 사공 주애보는 김구 선생의 은인이자 부부의 연을 맺은 관계다. 김구 선생을 물심양면으로 지원했던 중국인 '저봉장' 이란 사람이 상처한 선생에게 주선해 준 교사를 거절했었다. 남자 홀몸으로 피신하기 힘든 상황일 때 위장 결혼을 하기 위해 스스로 택한 여인이 처녀 사공 주애보다.

유식한 여지와 살다 보면 내 본색이 탄로 나기 쉬우니 차라리 무식한 뱃사공 주애보에게 몸을 의탁하며 배 안에서 살

기로 하였다. 오늘은 남문 밖 호숫가에서 자고, 내일은 북문 밖 운하 옆에서 자고 낮에는 육지로 나와 다녔다. 내가 남경에서 주애보를 제 고향 가흥으로 보낼 때, 후회되는 것은 그 때 여비 백 원을 준 일이다. 그는 5년이나 나를 광동인으로만 알고 섬겨왔고 부부 비슷한 관계로 살면서 내게 공로가 적지 않은데 다시 만날 기약이 있을 줄 알고 노자 외에 돈을 넉넉하게 못 준 것이 참으로 유감천만이다.

— 백범일지 중

주애보, 그냥 묻어버려도 될 사람이었지만 백범일지에 몇 번이나 그녀를 언급한 것을 보면 선생의 솔직한 성품을 엿보게 된다. 선생은 주애보에게 '직업은 고물상 원적은 공동성 해남도' 라고 했다. 중일 전쟁 때 일본군의 남경 폭격으로 집이 무너졌을 때, 두 사람은 간신히 죽음을 면했다. 왜경의 감시가 심해지자 기흥을 떠날 수밖에 없었다. 운명적으로 만난 두 사람의 애틋한 사연이 뜨거운 만둣국 속에서 일렁인다.

그녀는 반달로 남기보다 보름달이 되기를 원했을 것이다. 하지만 일경의 눈을 피해 선생이 다른 곳으로 피신해야 했기에 두 사람은 헤어졌고 다시는 만날 수 없었다. 백범 선생 어머니에게서 받은 팔찌도 반쪽이다. 그녀가 선생에게 주려고 만들었던 신발도 이루지 못한 흔적인 양 희미한 반달로 하늘에 떠 있다. 달이 강물에 비치면 처녀 사공은 선생을 나룻배에 태우고 운하를 건너다녔다. 무수한 때죽나무꽃이 물 위에 떠다니며 나룻배와 함께 흘러가고 있을, 가흥의 강물은 오늘도 그때처럼 흐르고 있을까.

잊고 살았던 김구 선생의 또 다른 가족을 생각하며 아직 읽지 않은 소설 '선월'에 눈길을 준다.

선생님에게는 나라와 민족을 위한 대의도 중요하지만 한 인간으로서 지순한 사랑이 얼마나 귀하고 소중했겠는가. 자신이 처한 사막 같은 도피 생활에 꿈같은 시간과 만날 수 있었던 것도 그녀가 곁에 있어 주었기 때문이리라.

황해 만두 속에는 선생의 품속에 간직하고 있던 빛바랜 주애보의 사진이 반달처럼 기울어져 있다. 풀어진 만둣국에선 흩어진 하얀 꽃잎들이 되살아난다. 빈 배를 노 저으며 강물을 따라 가뭇없이 떠나가는 그녀의 머리 위로 손톱 같은 반달 하나 무심하게 떠오른다.

황산 1

"와! 황산 바람 세다!"

우리 집을 방문한 지인은 마당에서 보이는 산을 바라보며 두 팔을 크게 벌리며 소리 지르기도 한다. 마당에 서면 우뚝한 산들이 사면으로 바라보인다. 우뚝한 산에 비하면 야트막한 산이지만, 해넘이가 장관인 산이 황산이다. 높지 않은 산이라 노을이 광활하게 펼쳐지는 아름다움을 선물해 준다.

지리산 서북 능선 덕두산이 바라보이는 인월에서 태어나 어린 시절을 보내던 단발머리 소녀는 도시로 떠났다.

피안의 언덕을 잊지 못하던 그 소녀는 일흔이 된 나이에 마치 연어처럼 고향의 강으로 다시 돌아왔다. 해발 600m 산 중턱 사과밭 옆에 집을 지었다. 마당에서 바라보면 손에 잡힐 듯 인월면 소재지가 보이고, 왼쪽으로는 덕두산, 오른쪽으로는 오봉산, 뒤로는 삼봉산이 펼쳐져 있다.

황산 아래 람천이 흐르고 그 강 옆으로 '피바위'라는 이름의 너럭바위가 편안히 누워있다. 피로 물든 것처럼 갈색을 띠고 있는 바위를 바라보면 가슴이 서늘해진다. 고려말 이성계의 화살에 맞은 왜구 대장 아지발도가 흘린 피로 붉은색이 되었다는 전설을 가진 피바위 위에 서 있으면, 그 당시의 치열한 전투 장면이 떠오른다. 운봉 비전마을을 지나 인월로 흘러오던 람천은 황산대첩이라는 엄청난 역사의 순간과 마주했던 강이다. 람천은 운봉고원을 지나 인월마을 앞을 지나 함양 마천으로 흘러 임천강, 엄천강, 경호강을 거쳐 진주 남강에 머물다 낙동강과 합류한다.

초등학교 소풍날이었다. 선생님이 우리 학교 운동장보다 큰 너럭바위에 서서 일인삼역의 연기로 황산 전투의 통쾌한 승리의 순간을 재현하셨다. 마치 지금의 아이맥스 영화를 보는 것 같았다. 이성계 장군과 그의 친구 퉁두란의 모습, 왜적 장수 아지발도의 우렁찬 고함, 피웅피웅 화살이 날아가는 소리, 히잉히잉 말이 쓰러지는 소리, 군사들의 함성과 비명, 물소리, 바람 소리가 뒤엉켜서 마치 전쟁의 현장에 있는 것처럼 느껴졌다.

해가 뉘엿뉘엿 넘어가고 황금색 노을이 하늘을 덮을 때, 황산은 아름다움의 절정을 보여준다. 어둠이 밀려오면 황산은 거대한 존재감으로 나에게 다가왔다. 그 모습은 덥수룩한 머리의 동북면 시골 총각으로 보이기도 하고, 근엄했던 태조 이성계의 거대한 흉상처럼 보이기도 한다.

황혼의 저녁, 돌처럼 굳어있던 장군의 얼굴이 불콰하게 변하며, 넓은 이마와 콧대, 우직하기만 하던 얼굴이 나를 향해 얼굴을 돌리는 것 같다. 삼봉산 뒤쪽에서 붉은 기운이 솟아오르며 내가 세상에서 처음 본듯한 둥근 달이 불쑥 떠오른다.

"장군님, 그날도 달이 밝았나요?"

'…….'

묵묵부답이다. 황산과의 대화는 나 혼자만의 얘기로 끝나기 일쑤다.

"장군님은 어느 때가 가장 행복하셨나요?"

"장군님이 가장 생각나는 사람은 누구인가요?"

거대한 산의 얼굴은 한숨을 쉬는 것 같기도 하고 회안의 미소를 짓는 것 같기도 하다. 그 순간은 달빛도 바람도 어둠도 거대한 서사를 풀어놓는다.

황산대첩의 진원지 인월引月은 달을 끌어왔다는 데서 얻은 지명이다. 삼봉산에서 떠오른 달이 황산을 향해 구름을 끌고 가는 모습은 신비스러움의 극치다. 바람을 끌어왔다는 아영 인풍리, 왜군의 시체를 묻었다는 동무리, 서무리 황산 지역에는 황산대첩과 관계되는 지명이 부지기수다. 인월면의 여러 마을은 황산 아래 모여 있고, 인월면 어느 곳을 가도 황산이 바라보인다. 존재하는 것은 모두 저마다의 이유가 있다. 아름다운 풍경은 또 그만큼의 아린 사연을 담는다.

나는 황산 노을을 품은 사과밭 한가운데 서 있다.

다시 봄

아득히 바라보다, 가까이 가고 싶고, 또 만져 보고 싶은 계절이 봄이다. 싹을 틔우나 싶더니 어느새 꽃이 피고 새순이 피어나는 부지런한 봄. 봄처럼 부지런한 남편을 만나 봄을 누릴 새도 없이 보내던 시절이 있었다. 남편은 내가 아픈지 힘든지도 모르고, 오직 일에 매달려 집안을 일으키고자 하는 일념으로만 사는 사람 같았다.

책을 취급하던 일을 하던 그때는 신학기가 봄이다. 봄, 한 계절에 씨뿌리고 추수까지 해야 하는 처지이고 보니 농부처럼 지쳐있을 때가 많았다. 그러니 봄이 돌아오지 않았으면 하던 바람을 가지기도 했다. 지쳐 링거를 꽂고 누워 있던 때도 꽃피는 봄이었다. 오죽하면 가을에 추수하는 농부가 되게 해 달라는 기도를 드린 적도 많았다. 그 기도의 응답으로 지금 농촌으로 돌아왔는지도 모른다.

연년생 삼 남매는 포기하고 싶었던 병과의 싸움에서 삶의 의욕을 일으켜 세우는 촉매제 역할을 했었다. 바람처럼 훌훌 떠나고 싶고 목마르게 자유를 누리고 싶을 때, 마음 편히 어느 들녘에 앉아 쑥을 캐보고 싶은 마음이 간절했다. 새순이 움트는 고향 산천을 그리워하며 불면의 밤을 지낼 때, 부모님이 쑥떡을 해 오시곤 했다. 그 쑥떡을 먹고 나면 힘들던 몸이 다시 기운이 돌았다.

삼 남매도 성장하고 남편과 함께하던 사업을 정리하고 독립적인 사업을 할 때부터는 몸과 마음이 자유를 얻기 시작했다. 꽃샘추위가 지날 무렵이면 어디서 나를 부르고 있는 것 같은 환청을 느끼며 쑥을 캐러 나섰다. 낙동강이 보이는 언덕에 앉아 강물을 바라보며 쑥을 캐던 날, 언 땅을 뚫고 나온 여린 쑥을 싹둑 자르다 보면 안쓰러운 마음이 들기도 한다. 쑥은 '그대가 한 포기 뜯어가면 나는 몇 가닥의 새순이 쑥쑥 돋는다'라며 손사래를 치는 것 같다.

바구니에 담긴 쑥이 제법 옹골차다. 꿈을 이룬 사람의 설렘처럼 마음은 풍선처럼 부풀기 시작한다. 쑥이 많은 곳에서는 쑥을 캐는 재미가 덜하다. 희소가치 때문이기도 하겠지만 부족한 곳에서 성취하고자 하는 열망이 더 강렬하기 때문이기도 하다. 쑥을 캐다 보면 잊어버렸던 꿈이 되살아나는 것 같기도 하고, 그리운 이들이 떠오르기도 한다.

이왕 땅을 밟았으니 맨발로 땅을 디뎌본다. 누군가 뒤에서

"맨발의 청춘이네요."

"발도 안 시럽는기요?"

하며 안쓰러운 눈으로 바라본다. 졸지에 퍼포먼스를 하는 사람처럼 무대 위의 주인공이 된 기분이다. 이렇게 맨발로 땅에 서 본 지가 얼마 만인가. 맨발로 땅을 딛고 살고 싶은 본능을 잊고 살았던 나. '우리는 어디서 왔는가. 우리는 누구인가. 우리는 어디로 갈 것인가.' 존재의 근원에 대한 물음을 던졌던 폴 고갱의 그림이 떠오르는 계절도 봄이다.

맨발로 땅에 서 보니 평안하고 아늑하다. 내가 딛고 살아야 할 곳, 또 내가 스러져야 할 곳도 이 포근한 땅이다. 힘들었던 지난날 가정이라는 단단한 울타리에 매여 있었기 때문에 지금의 자유에 행복함을 느끼며 살 수 있는 것

이다. 내게 무한한 자유가 주어졌다면, 그 자유가 나를 구속하는 폐쇄 회로가 아니었을까. 제한된 틀 안에 살다 자투리 시간을 누릴 수 있는 행복이 어쩌면 나의 해방구인지도 모른다.

훨훨 날아가고 싶었던 젊은 날이, 봄날처럼 아쉽다. 다시 봄을 캐는 중이다.

무화과나무

아파트로 이사한 지인이 살던 집에 무화과 한 그루를 두고 왔다며 가져다 키워 달라는 부탁을 받았다. 을씨년스런 겨울날 주인이 떠난 빈집을 찾았다. 마치 추위에 떨고 있는 아이 같은 나무를 차에 싣고 왔다. 겨우내 잠자듯 서 있던 나무는 봄이 되어도 움이 틀 생각도 하지 않는다.

무화과 잎처럼 푸르던 젊은 날, 부산에 와서 부모님과 살던 곳이 어린이 공원이 있던 동네다. 집 앞으로는 텃밭이 있고 집 뒤로는 계곡물이 흐르는 곳이다. 판잣집이라 부르면 초라하고, 통나무집이라 부르면 멋스럽게 들리는 집이다. 일본인들이 살았던 이층집 네 채가 나란히 자리를 잡고 있었다. 집 앞에는 제법 큰 무화과나무가 한 그루씩 자리를 잡고 한 폭의 풍경화처럼 흔들리고 있었다.

세월의 흔적처럼 기왓장 같은 색으로 변한 나무집은 오래된 그림처럼 보이곤 했다.

옆집 이층에는 짓궂은 청년이 살고 있었다. 그 청년은 내가 사는 이층을 향해 휘파람을 불기도 하고 기타를 치며 자신의 존재를 알리곤 했다. 책을 들고 다니며 내게 읽으라며 빌려주기도 했다.

그 무렵 무화과가 익어가면 달콤한 향이 입에 침이 고이게 했다. 성급한 나는 다 익기도 전에 맛본다고 따먹고, 궁금해서 따다 보니 제대로 된 맛을 보지도 못하고, 잘 익은 무화과가 달린 옆집 나무만 바라보던 때도 있었다. 늘 갈급하고 아쉬움이 많았던 그때, 옆집 무화과들은 약을 올리듯 과육이 벌어지며 단내를 풍기고 있었다. 고향에서 풍부하던 과일들이 눈앞에 아른거리며 시골에서 들어보지도 못한 이찌지쿠가 밉기만 했다.

푸른 산돌배 같은 열매를 매달고 있는 나무를 바라보면 무엇인가 이루고자 했던 내 모습이 숨어 있다. 내 재능이

나 노력보다 큰 결과를 기대하며 마음 졸이던 때, 푸른 무화과의 하얀 즙처럼 숨기고 있던 나의 내면의 상처를 보는 것 같았다. 많은 열매를 매달고 있던 나무는 힘에 겨워 열매를 뚝 뚝 떨어뜨릴 때 이루지 못한 꿈들이 소멸하여 가는 아픔을 느끼기도 했다. 떨어지는 무화과를 애도하는 마음도 없이 무화과 잎은 바람에 무성히 날리고 있었다.

무화과가 익어가는 계절이 되면 광복동에 가고 싶어진다. 그곳에 가면 잘 익은 무화과 빛의 여인이 무화과를 팔고 있다. 내게는 단골이라며 한두 개를 덤으로 주곤 한다. 집으로 오는 도중에 남편에게 돌아갈 몫도 없이 다 먹고 오기도 하고 양심은 있어 한두 개 남겨오기도 한다.

무화과는 아담과 하와가 선악과를 따 먹고 눈이 밝아져 부끄러운 부분을 무화과 잎으로 가렸다는 성경 최초로 등장하는 식물이다. 꽃이 피지 않는다고 붙인 이름이지만 과육이 벌어질 때 보면 무수한 꽃이 씨방처럼 과육 안에 숨어 있는 것이 신기하다. 열매가 익어가면 감추던 속내를 어쩔 수 없이 보이고 마는 첫사랑 같은 열매다.

늦은 봄 모란이 피어나 명주결 같은 꽃잎을 휘날릴 때, 죽은 듯한 나무에 새순 하나가 게으른 하품을 한다. 며칠이 지나자 아기 손바닥처럼 앙증스러운 잎을 펼치고 있다. 가지가 무성해져 열매가 열릴 날이 기다려진다.

4부

아버지 우물

개구리 울음소리

청개구리 눈빛 같은 별들이 때죽꽃처럼 매달려 있는 저녁이다. 적막한 시골마을이 개구리들의 울음소리에 들썩이고 있다.

거름더미에 쓰레기를 정리한 그이가 가자는 신호를 보낸다. 아랫방에 잠든 어머니께 마음으로 인사를 하고 집을 나선다. 모내기 철인 농번기에 동네 사람들이 곤히 자고 있는 밤중이라 조심스럽게 마을을 빠져 나왔다. '개골개골~~ 골개골개~~' 목이 아프게 울어대는 개구리 소리는 점점 멀어지고 있다. 묵묵히 운전하는 남편에게 "개구리는 왜 저리 울꼬?" 어린아이처럼 묻는 나에게 "왜 우는지 나는 모른다."며 마른 대답을 내려놓는다.

괜히 가슴이 먹먹해지며 아무 말이 나오지 않는다. 내 속에 내재하고 있는 청개구리의 본성을 느끼게 하는 저 울음소리를 듣게 하는 이는 누굴까. 목이 아프지도 않을까. 짝을 찾기 위해 본능적으로 울어 대는 소리일까. 나름대로 상상해 보지만 부질없는 생각들이다.

남편은 에너지가 넘쳐났다. 힘들어도 바늘과 실처럼 그이와 함께 시골을 찾곤 했다. 하지만 요즘은 내가 꾀를 부리곤 한다. 평일에는 출근한다는 명목으로, 토요일은 밀린 집안일을 해야 하고, 주일은 교회에 다녀와서 쉬고 싶다는 핑계를 댄다. 실은 오늘도 집에서 쉬고 싶지만 그이에게 미안하기도 하고 산 밑 묵정밭에 돌복숭아 딸 때가 되었다는 말에 귀가 솔깃해 따라 나섰다.

윗대부터 내려오는 밭에는 산도화나무 한 그루가 있다. 어머니 젊었을 때 그 밭에서 나는 작물을 수확해서 시동생과 시누이들이 공부할 때 용돈을 보태주던 밭이었다. 부산에서 신접살림을 할 때 쉬는 날이면 시골에 와서 어머님을 도와 밭을 매곤 했다.

"나래 아범아, 오늘 저 돌복숭나무를 베자. 먹지도 못하는 나무가 키만 커가꼬, 그늘만 지니 고구마 한 고랑이라도 더 심자."

그 소리에 나는 깜짝 놀랐다.

"안 돼요. 어머니 복사꽃이 얼마나 예쁜데요."

"뭐라카노? 복숭나무는 밭가에 안 키우는 기다. 귀신이 따라다닌다 카더라."

"어머이! 그건 순 미신입니더. 그런 말 듣지 마이소."

그이가 내 말에 동의하자 강직한 성품의 어머니지만 별 말씀 없이 지나갔다.

신혼 초 복사꽃이 필 즈음이면 그 밭에 갈 때마다 마음이 설레곤 했다. 참새 주둥이처럼 내밀고 있는 복사꽃을 바라보며 부르는 망향 '그대가 있기에 봄도 있고 아득한 고향도 정들 것일레라.' 얻을 수 없는 그 무엇을 성취한 것처럼 마음이 뜨거워지던 때가 꿈결처럼 아득하다. 젊을 때는 돌복숭아의 쓰임새를 몰라 그냥 버려뒀었다. 그 후로 봄마다 시기를 놓쳐 돌복숭아를 수확하는 때보다 바람에 떨구어버린 해가 더 많았다.

어머님을 도와 밭일을 거들던 때 밭고랑은 길기만 했다. 그 때가 어머님의 전성기였다. 여러 해가 지나 어머님이 산 밑에 있는 밭을 오르지 못해 그 밭이 묵정밭이 되어가듯, 어머니의 기억이나 기력도 묵정밭처럼 변해가고 있다. "와 이제 오노?" 하는 쩌렁쩌렁한 목소리는 나를 힘들게 했다. '어서 온나!' 하시지 않고 '와 이제 오노' 하는 소리에 그이에게 푸념을 한 적이 있다. "당신 반어법을 모르나, 얼마나 당신을 기다렸으면 그리 말하시것노!"

그이가 묵정밭에서 푸른 돌복숭아를 자루에 따 들고 내려온다. 자루를 마당에 내려놓은 그이는 텃밭에서 머위 줄기와 방아잎을 베고 나는 그 채소들을 한 아름씩 안아 옮기면 어머니는 꽃다발처럼 묶으신다. 오랜 세월 숙련된 달인의 솜씨다. 어머니의 거친 손등 위로 삶의 흔적들이 모여 있다. 수많은 푸성귀와 곡식들이 어머니의 손을 거쳐 갔으리라.

저녁 반찬거리가 신통찮아 돼지고기를 조금 넣고 호박잎 된장찌개를 준비했다. 그이는 뒤뜰에 무성히 자란 풀을 뽑고 있다. 진작부터 배고프다 하더니 일에 빠지면 끝을 보아야 손을 놓는다. 세 식구가 늦은 저녁을 먹으니 꿀맛이다. 저녁을 먹고 마루에 누워 허리를 펴고 있는데 부엌에서 냉장고 정리를 하던 그이가 부른다. 좀 쉬고 싶다고 억지를 부리고 누워 있으니 잠시 와서 먹을 수 있는 것인지

확인만 해달란다. 냉장고에서 나온 플라스틱 통들을 보니 하나같이 버려야 할 것들이다. 반찬들이 묵은 세월의 쿰쿰한 냄새를 풍기며 나를 바라본다. '며늘아, 큰며늘아, 네가 얼마나 무심한지 짠지들이 곰팡이 꽃을 피웠다.' 어머니의 독백같은 묵은 짠지들이 내 마음을 무겁게 누르는 듯하다.

"어머니 냉장고는 들어가면 나올 줄을 모르는 블랙홀이다." 하며 정리를 하는 그이를 도우며 '내가 어머니 연세에 이렇게 반찬을 해 놓을 수 있을까. 대단한 분'이라는 생각이 든다. 혹시 이번 주에는 누가 올까. 첫째, 둘째, 셋째, 손을 꼽으며 장만하셨을 반찬들. 허리가 아프니 냉동실에 집어넣는 일은 하지만 꺼내는 일은 더 힘들기 때문이다.

그이는 묵묵히 냉장실에서 꺼낸 반찬들을 정리한다. 그의 등에 땀이 흥건하다. 밤은 깊어가고 일은 끝이 보이지 않는다. 싱크대에 서서 냉장고에서 나온 빈 통을 씻는데, 바깥에서 들리는 개구리 울음소리에 내 목젖이 흔들린다. 저 울음소리는 무슨 일이 있어도 모내기는 해야 한다는 지상 명령처럼 들린다.

밭은 묵정밭이 되고 있지만 논을 붙일 사람은 있다. 수확한 양의 일부를 주며 논을 경작하니 그나마 다행이다. 모내기 철은 씨도 뿌려야 하고 고구마 순도 따서 밭에 심어야 하는 바쁜 시기다. 개구리들의 노래는 고달픈 농부들을 위로하는 소야곡처럼 들린다.

전래동화에서 들었던 청개구리의 참회의 울음이 아니라, 내 귓전에 쉼 없이 울려오는 소리는 묵정논으로 만들지 말라는 당부처럼 들리기도 한다. 무논이 사라질 때 개구리들의 터전도 사라질 것을 염려하는 울음인지도 모른다.

집으로 돌아와도 개구리 울음소리는 내 귀에서 떠나지를 않는다.

밥상

혼자 밥을 먹을 때는 왠지 허전하다. 비어 있는 의자 때문일까. 그런 날은 작은 상을 차려 안방에서 먹으면 마음이 여유로워진다. 어린 시절, 그때는 어른이 계시는 집은 겸상이나 독상으로 예를 갖추어 드렸다. 오빠들이 성장하면서 아버지와 함께 겸상을 하고, 어머니와 자매들은 두레상에서 밥을 먹었다.

아버지 밥상은 손님상처럼 특별한 음식이 올라왔다. 식사를 하시던 모습을 보면 먼저 국을 드시고, 국그릇에 나물을 넣어 비빔밥으로, 한두 숟갈 남은 밥은 숭늉을 부어

드셨다. 밥알 하나 남기지 않고 물로 그릇을 헹구듯 그 물까지 다 드시던 모습이 마치 의식처럼 보이기도 했다.

식구가 단출해지고 독상에서 겸상으로 두레상으로 바뀌어도 식사하시는 모습은 늘 한결같았다. 왜 그렇게 드셨을까. 반찬을 맛있게 음미하고자 고안해 낸 방법이기도 했을 것이다. 나물을 섞어 비벼 드신 것은 싱겁거나 짠 것이 섞어지면 음식에 대한 불평이 나오지 않을 수도 있겠다는 생각이 들기도 한다.

아버지는 막내로 태어나 낙천적인 성품과 다정다감한 성격이셨다. 세상의 잣대로 보면 성공한 삶도, 자랑할 것도 없는 지극히 평범한 삶을 살다 가신 아버지. 당신은 요리도 잘하셨다. 어머니가 칠 남매를 출산하셨는데 아이를 낳을 때마다 아버지가 끓여주신 마른 홍합 미역국이 일품이었다고 자랑하시곤 했다. 남자들이 부엌일을 하면 격이 떨어진다는 생각을 가지던 시절에 체면을 따지지 않고 부인과 자녀에게 자신의 솜씨를 보이던 아버지는 들녘에 피고 지는 들꽃처럼 그리움으로 다가온다.

겨울이면 얼음을 깨고 족대를 얼음장 밑으로 넣어 피라미를 잡아오셨다. 소매를 둥둥 걷으시고 무채를 썰어 새콤달콤하게 피라미 무침을 해주셨는데 그 맛이 겨울에 먹는 별미였다. 민물고기 매운탕을 조리할 때 담장에 피어있던 연한 제피순을 매운탕에 넣어 비린 맛을 제거하던 기발한 솜씨도 보여 주셨다. 일흔 여섯의 생을 살다 떠나가신 아버지는 나에게 지혜로운 스승으로, 가슴 뛰게 하는 소년의 모습으로 마음속에 남아 있다.

며칠 전 남편이 싱싱한 대구 한 마리를 사들고 왔다. 대구탕을 만들다 그이를 불렀다.

"나이가 들면 음식 하는 법도 알아야 해요. 자기 손으로 못하면 섭섭한 마음만 생겨요. 며느리나 딸들에게 짐이 되지 않으려면 웬만한 음식은 할 줄 알아야 해요. 간단해요. 다시마 한 쪽 넣고 물이 끓으면 무를 쓱쓱 삐져 넣고 또 물이 끓으면 씻어둔 대구를 넣으면 돼요. 다 끓었다 싶으면 천일염으로 간을 하고 파, 마늘, 매운 고추를 잘게 다져 넣고, 미나리가 있으면 줄기를 썰어 넣으면 향긋해요. 먹을 때 정종이나 식초를 조금 넣으면 비린 맛이 없어져요. 국간장에 마늘, 파, 고춧가루와 함께 식초를 약간 넣고 양념장을 만들어 대구 살을 찍어 먹으면 상큼해요."

6남매 장남으로 바깥일은 다 잘하는데 부엌일이 서툰 그에게 틈이 나는 대로 음식 하는 법을 알려준다. 아주 쉽다고, 시작이 반이라고.

"나도 하면 잘한다. 안 해서 그렇지."

"그럼 해봐요."

40년 넘게 겸상을 해온 처지라 시고 떫은맛을 다 아는 사이가 되었으니 입에 익은 김치 맛 같은 그이지만 남은 삶을 해로하려면 부엌일도 서로 돕고 살아야 할 것 같다.

어린 시절 두레상은 작은 세상이었다. 그곳에서 넓은 세상 소식을 듣기도 하고 지혜를 얻기도 하고 무언의 가르침과 사랑을 받기도 했다. 가슴 저린 눈물을 흘려야 할 때 그 눈물이 치유되는 곳이기도 하고, 집을 떠난 탕자의 발걸음을 돌리게 하는 것도 밥상 앞에서다. 밥상은 삶이 숙성되는 거룩한 귀환의 시작점이다.

아버지의 우물

어린 소녀는 아버지와 함께 샘가에 서 있었다. 바람이 불면 복숭아가 '툭' 하며 땅에 떨어지기도 하고, 어떤 것들은 '풍덩' 하며 샘물로 빠지기도 했다. 까만 밤에는 별들과 하얀 달도 되비쳐 주던 맑디맑은 첫 기억의 샘물.

샘물에 떨어진 복숭아 잎은 누구에게 보내고 싶은 엽서처럼 푸른 사연들을 펼쳐놓곤 했다. 떨어진 그 잎들이 샘물 바닥에 가라앉아 새로운 세상을 살고 있는 것 같았다.

섣달그믐날이면 아버지와 동네 어른들은 샘물에 물을 다 퍼내고 바위틈에 낀 푸른 이끼까지 깨끗이 닦곤 했다.

마치 더러워진 몸과 마음을 정결하게 씻어내는 기도와 같은 의식이었다. 그 광경이 궁금해 오들오들 떨면서 지켜보곤 했다. 고요하고 신비로운 성소에 신의 은총이 내리듯 깨끗해진 샘물에선 미세한 물줄기들이 숨을 쉬듯 작은 파장을 이루며 물이 차올랐다.

그 광경은, 마치 꽃잎이 한 잎씩 피어나듯 신기하기만 했다. 저 물은 어디서 오는 것일까. 샘물은 일곱 살 어린 소녀가 가늠할 수 없을 만큼 깊어보였다. 물이 차오르면 아무 미련없이 실개울로 흘러가던 샘물이 내 영혼의 근원 같았다.

태어난 마을을 떠나 면 소재지로 이사를 가서도 그 우물이 궁금했다. 추운 겨울에는 모락모락 김이 피어오르던 작은 우주와도 같은 샘물은 꿈길에도 나를 그곳으로 데려가곤 했다.

새로 이사한 집에도 우물은 있었다. 우물을 내려다보면 무서우리만치 깊었지만 가뭄 때는 물이 말라버리는 우물이었다. 병환 중인 아버지의 삶은 우물의 물이 마르듯 몸도 마음도 고갈되어가는 모습이었다.

부산에 이사를 와서 살던 집에도 마치 우연처럼 샘물이 있었다. 정 붙일 곳 없는 객지 생활이지만 펌프질을 하면 퍼 올릴 수 있는 우물이 있어 그나마 위안이 되었다.

아버지는 고달픈 삶 속에서 모든 것을 내려놓고 초연하게 여유로움을 찾으려고 애쓰는 모습이 역력했다. 퉁소도 부시고 시조도 읊으며 유유자적하던 모습이 그나마 위로가 되었다. 펌프관의 물이 쭉 빠져 펌프질을 아무리 해도 물이 나오지 않을 때, 아버지의 빈 마음이 보이는 것 같았다. 하지만 펌프에 물만 부어주면 깊은 물을 끌어올리던 마중물처럼 아버지는 늘 긍정적이고 낙천적인 모습으로 곧게 서 있었다.

결혼 후 어려운 여건 속에서 첫 집을 장만할 때, 아버지의 조언으로 땅을 사고 집을 짓게 되었다. 그곳은 음지였고 보잘것 없는 동네처럼 보였지만, 땅 밑에 찬물을 담고 있는 주례동의 '냉정'이란 지명을 가진 곳이었다. 아버지는 집을 짓기 전에 지하수를 파도록 당부하셨다.

상가주택을 짓다보니 서향집으로 집을 지었다. 그 집에서 20년 넘게 살면서 지하수의 도움으로 무더운 여름을 시원하게 지낼 수 있었다. 그 집을 생각하면 양손에 무거운 짐을 들고 언덕길을 올라오시던 부모님이 눈에 아른거린다. 물을 마실 때나 물을 대할 때 늘 감사한 마음으로 대하라고 당부하시던 아버지 곁에는 늘 귀한 샘물이 있었다.

교회로 봉헌된 대신동 집에도 시원한 지하수가 있다. 아버지는 이 땅에 계시지 않지만 이 집의 물맛을 보시면 크게 웃으시며 행복해하셨을 게다. 마치 아버지의 마음 같은 샘물을 대할 때마다 그 깊이를 알 수 없는 아버지의 사랑을 느낀다.

이번에 귀농해서 새로 지은 집에도 지하수를 팠다. 암석에서 솟구치는 물줄기에 흰 두루마기 자락이 펄럭이며 아버지의 모습이 잠시 비췄다가 사라진다.

겨울에는 따뜻한 마음으로, 여름에는 시원한 물줄기로 항상 변하지 않는 샘물처럼 아버지는 늘 내 곁에 계신다.

한 켤레의 기억

쑥 내음 물씬 풍기던 고향의 봄 언덕을 생각하면 동화 속 주인공 같은 인물이 떠오른다. 누가 이름을 지어 주었는지 사람들은 그를 '한 컬레' 라고 불렀다. 성도 나이도 모르는 기억상실증에 걸린 낭인이었다. 이 동네 저 동네 떠돌며 밥 동냥을 하러 다니는 그는 동네 아이들의 구경거리였다.

봄나물이 뾰족이 나기 시작하면 아이들은 언덕을 누비며 나물을 캐곤 했다.

봄바람에 손등은 트고, 쓰린 손등으로 나물을 캐고 있을 때, 어디선가 "한 컬레!" 하는 소리가 메아리처럼 들리곤 했다. 그럴 때면 누가 먼저랄 것도 없이 아이들은 나물 바구니를 들고 구경꾼의 대열에 끼이곤 했다. 오랜 세월이 지난 지금도 그의 모습이 생생하다.

머리를 땋아 뒤로 넘기고 빨간 댕기를 늘어뜨린 뒷모습이 여자처럼 보이기도 했다. 긴 윗옷은 겹겹이 기워 입었고, 허리는 끈을 묶고 다녔다. 한쪽 신만 신고 절뚝거리며 걷는 모습이 황새가 걷는 모양 같았다. 짓궂은 아이들은 돌멩이를 던지며 놀려대기도 했다.

절뚝거리며 뛰어가는 뒷모습이 사라질 때까지 우리는 손나팔을 불며 "한컬레~~"라며 그를 부르고 또 불렀다. 빨간 댕기를 바람에 나풀거리며 아지랑이처럼 사라지던 그 뒷모습. 아이들의 그 소리가 듣고 싶었는지 한 번씩 나타나던 그였다.

우리 집 소죽 솥 앞에서 밥을 먹던 그의 모습을 가까이서 본 적이 있다. 꼼꼼히 기운 바느질 솜씨가 보통이 아니었다.

"누가 한 켤레의 옷을 꿰매줄까?" 엄마에게 물으면 그때마다 어느 맘씨 고운 아낙이 꿰매준다는 얘기를 농담처럼 하셨다.

유년에 깊이 각인된 그의 모습 속에서 인간 본연의 선한 모습을 보았던 것 같다.

오랜 세월이 지난 후 고향 친구에게 그의 소식을 들었다. 그는 아주 오래 살았으며 함박눈이 펑펑 내리던 어느 날 세상을 떠났다고 한다. 하얀 눈송이와 함께 떠난 그는 깨끗하게 살다간 영혼의 표상이었다. 한쪽 신만 신고, 깨진 바가지를 들고 평생을 걸인으로 살았지만, 누구에게 원망을 산 일도, 누구를 미워하지도 않았던 한 켤레의 삶. 그날 하루에 만족하며 생을 살다간 그가 부러워지는 건 소아병적인 생각일까.

그는 이곳저곳을 떠돌며 사람들 마음을 살피다 떠난 신의 심부름꾼이 아니었을까.

그를 생각하면 톨스토이의 단편 '사람에게는 얼마만큼의 땅이 필요한가?'의 주인공 파홈이 생각난다. 출발점을 떠나 하루 동안 발로 밟고 돌아온 땅이 바로 당신의 땅이 된다는 말에 두 팔을 흔들며 달려간 파홈은 어둡기 전에 진작 돌아와야 했다. 그러나, 땅을 밟을수록 그 비옥한 땅을 포기할 수가 없었던 그는 시간도 잊고 땅을 더 갖고 싶은 욕망에 사로잡힌다. 그는 젖먹던 힘을 다해 출발점에 돌아

왔지만, 날은 어두워지고 그는 그 자리에 쓰러지고 만다.

결국, 그에게 필요했던 땅은 그가 묻힐 반 평 크기의 땅이었다.

오늘도 우리는 파홈처럼 많은 땅과 물질을 소유하려는 끝없는 욕망을 가지고 살고 있다. 그러나 정한 시간에 돌아오지 못해 그곳에 묻힐 파홈의 모습은 나의 거울이다.

재산은 가질수록 목마르다는 말이 있다. 많이 가진 자가 정결한 삶을 살기가 힘든 것이 아닐까.

만족을 모르고 살아간다면 한 켤레보다 나을 게 무엇이겠는가. 내가 기쁨과 감사로 일할 수 있는 땅이면 족하다는 생각이 나를 견인하기를….

지금 나는 긴 꿈을 꾸며, 다음 생을 위한 예행연습을 하는 것은 아닐까.

봄바람 일렁이는 고향의 봄 언덕에 한 켤레의 환영이 떠도는 것 같은 환상을 느낀다.

샛집

마산에서 진주, 산청, 함양, 팔령재를 지나 2시간 만에 도착한 고향. 오빠들이 하늘나라로 떠나고, 팔순을 바라보는 올케 언니들만 살고 있는 고향, 마음 한구석이 허허롭다.

신작로에 서서 큰오빠 집을 바라본다. 집 뒤로 푸른 대나무가 청청하다. 어린 시절 컴컴한 대나무 숲은 검은 옷을 입은 귀신들이 나타날 것 같은 무서움의 근원지였다. 그러나 지금 바라보는 그 대나무 숲은 푸른 호수의 윤슬처럼 반짝이고 있다. 지금은 기와집으로 변한 오빠 집터에 검게 빛나던 그 집이 그림처럼 남아 있다.

오래전 사람들은 그 집을 샛집이라고 불렀다. 세월이 지나도 그 집은 반짝이고 있었다. 억새로 이엉을 입힌 집이 샛집이라는 걸 어른이 되고서야 알았다. 고운 옷 한번 입어보지 못한 채, 바람에 흔들리던 그 흰 꽃이 억새다. 면소재지에 살던 친구가 자기 집을 기와집이라 자랑할 때 '우리 집은 삼봉산 평원에서 흰옷 입고 빛나던 억새로 이은 샛집이야' 하며 자랑하고 싶었을 그 집은 몇 가호 안 되는 작은 동네에 독특한 집이었다.

한국 전쟁 때 불타버린 집을 대신해 급하게 집을 짓고 억새로 지붕을 이었다고 한다. 그 집을 지을 때 큰아버지의 조언이 많이 작용했을 것이다. 아버지가 모시 두루마기를 입고 한량처럼 다니실 때, 큰아버지는 우리 집 논배미에 물을 대주고 가시는 분이셨다. 이제 고향은 팔순이 넘은 사촌 오빠만이 백발이 성성한 채 집을 지키며 살고 있다. 세상을 떠나신 큰오빠를 만나는 것 같다.

"오빠, 큰집도 샛집이었지요?"
"그랬제, 어떻게 그걸 기억하냐?"
"학교 다닐 때 큰집 앞을 매일 지나다녔으니까요."

병자년 수해 때 유기공장과 논밭을 큰 홍수에 떠내려 보내고 급하게 이주한 곳이 그 집이였다고 한다. 아마 1936년 병자년이면 오빠가 돌 지났을 무렵의 이야기다. 8남매나 되는 형제들이 성장한 그 집을 기억한다. 명절 때나 학교를 오르내릴 때 자주 갔던 곳이다.

"내가 팔팔할 때 두 살 아래 종태 동생이랑 삼봉산을 하루에 두 번씩 억새를 지게에 져 날랐다."

다른 사람 얘기하듯 옛날 일을 기억하며 말씀하신다.

"지붕 위에 올라가서 솔가지로 먼저 지붕을 덮고 그 위에 층층이 억새를 이어가며 지붕을 만들 때의 기분은 아무도 모를 걸!"

오빠는 그 때의 행복감에 젖어 상기된 표정이다. 반짝거리는 억새가 얼굴에 스칠 때 그 간지러움은 아가씨의 손길처럼 부드러웠다는, 오빠의 은발과 억새의 이미지가 이렇게 닮았을까. 네 칸 지붕을 덮으려면 솔가지가 백 짐 정도 필요하고, 억새도 백 짐 정도 필요하다 한다. 오빠는 저 높은 삼봉산을 몇 번이나 오르내렸을까.

억새로 집을 이으면 여름에는 시원하고 겨울에는 따뜻하다. 그 추운 혹한에도 늘 따뜻했던 온돌방, 들판에서 허허로이 손 흔들던 무리들이 오롯이 모여 숨을 쉬니 그 온기가 얼마나 따뜻했겠는가. 한번 이어 놓은 지붕은 30년 이상 견뎌 주었다고 하니 두 번만 수고하면 평생을 안락하게 살 수 있는 집이 샛집이다. 억새로 지붕을 올린 첫해는 명주빛으로 반짝이며 빛을 더했으리라. 새마을 사업으로 지붕을 개량하라고 할 때 고집을 부려 그대로 두었던 큰집은 오랫동안 검게 퇴색되어 깊은 빛을 더하고 있었다.

"지리산 가까이 살아도 아직 천왕봉에 올라본 적이 없네."

평생 농사일에 바빠 갈 수가 없었다는 오빠. 이제는 무릎이 아파서 집에서 바라보이는 삼봉산도 마음뿐이라고 하신다. 할아버지 얘기를 제일 많이 알고, 큰아버지, 우리 아버지, 어머니를 많이 기억하고 있는 오빠가 내게는 가장 가까운 분이다. 사촌 오빠를 몇 번이나 더 만날 수 있을까.

억새는 이승의 마지막 꽃이다.

윤동주 시인의 언덕

인왕산 언덕을 오른다. 큰딸이 사는 신영동에서 걸어서 부암동을 지나면 시인의 언덕을 만난다. 언덕에 올라서면 창의문이 보이고, 교회 종탑이 나무 위에 걸려 있다. 조금 떨어진 곳에 청와대도 보이고 경복궁이 보이기도 한다. 그 언덕을 한번 오르고 난 뒤 서울 가는 길이 마음이 설렌다. 그리운 이가 그 언덕에서 나를 기다리고 있을 것 같다. 계단을 오르며 나무 울타리에 흘려 쓴 시인의 시를 음미하며 한 계단씩 오른다. 서울의 오래된 풍경들이 남아 있어 평화롭다.

오월 초순 아까시꽃이 포도송이처럼 매달려 향기롭다. 언덕진 곳에서 오랜 세월을 견딘 아까시나무 둥지가 우람하다. 언덕을 내려서면 문학관이 보인다. 아까시꽃빛의 문학관 외관은 그의 시처럼 맑고 청렴한 느낌을 준다. 언덕 위에 소나무 한 그루 시인의 마음처럼 고고하고 청청하게 언덕을 지키고 서 있다.

문학관에 들어서니 퇴색되어가는 기와 빛의 나무 우물은 세월의 흔적을 보여준다. 시인의 고향 북간도 명동촌에서 가져온 정감 있는 나무 우물 앞에 서 본다. 시인의 시 '자화상' 이 떠오른다.

벽면에 진열된 초판의 시집들과 시인이 읽었던 책들이 그의 사상과 열정을 다시 보게 한다. 번잡한 생각을 버리고 영혼의 가압장으로 들어선다. 열린 우물에서 바라보이는 하늘은 시인의 마음처럼 맑고 푸르다. 그의 맑은 영혼이 흰 구름처럼 흐르는 듯하다.

인왕산 자락에 버려진 청운수도 가압장과 물탱크를 개조해 윤동주 문학관을 만들었다고 한다. 가압장은 느려지는 물살에 압력을 가해 다시 힘차게 흐르도록 도와주는 곳이다. 세상살이에 지친 내 영혼에 윤동주의 시는 아름다운 자극을 준다. 그리하여 영혼의 물길을 정비해 새롭게 흐르도록 만든다.

시인이 잠시 하숙을 하며 청운동에 살았던 점에 착안해 폐기되어 사라질 이곳을 재활용한 지혜는 시인을 사랑하는 마음이 아니었을까?

물탱크에 잠겨 있었던 물의 흔적들이 아직도 선연히 남아 있다. 거친 벽면은 내 영혼에 끼인 얼룩처럼 보인다. 몇 분 동안 상영된 시인의 생전 모습은 영원한 청년으로 남아 있다. 마지막 영상을 마주하고 마음 깊은 곳에서 뜨거운 무엇이 내 손에 젖는다.

'자화상'의 우물과 그의 고향 집 우물, 인왕산 자락의 버려진 가압장의 물탱크에서 모티브를 얻은 윤동주 문학관. 이곳은 내 깊은 심연 속에 자리잡아 인왕산 자락으로 나를 이끌 것이다.

일곱 살 아이가 앉으면 딱 어울릴 것 같은 작은 의자에 엉덩이를 걸치고 천진한 아이가 되어 그를 마음에 새겨본다. 윤동주의 시는 내 영혼의 가압장이다. 가압장에 잠겨 있는 수많은 물방울이 큰 우물이 되어 내 마음에 잠긴다….

윤동주의 <나무>

나무가 춤을 추면
바람이 불고
나무가 잠잠하면
바람이 자오.

동화의 문이 열리는 듯하다.

시인과 별

동네 버스 정류장 옆에는 '하늘과 바람과 별과 時' 윤동주의 서시를 새긴 화강암이 세워져 있다. 작고 소박한 형태라 마음이 끌린다. 키 작은 시비는 긴 세월을 흙과 바람과 함께 지내다 보니 꾀죄죄한 개구쟁이 얼굴이다.

그 시비에 새겨진 글귀를 되뇌어 본다. 시를 읽으니 참회의 마음과 정결한 마음이 교차한다.

벚꽃이 지고 난 가로수 길은 우람한 백합나무가 시원한 그늘을 드리우기도 하고, 가을이면 백합나무는 은잔을 높이 들고 축배의 노래를 부르기도 한다. 황금빛 꽃을 피우는 금목서가 금가루를 뿌리며 향을 발하고 있다. 외롭지 않을 시인의 영혼을 생각해 본다.

시비 앞에 서 있으면 화살처럼 지나가 버린 시간을 멈추게 하며, 내 첫 기억의 장소가 열리기도 하는 곳이다.

어릴 적 아버지를 따라 삼봉산을 자주 올랐다. 산 밑 양지쪽에 진달래가 피어나던 날에도 그 산꼭대기에는 흰 눈꽃이 거대한 화관처럼 올려져 있었다. 산을 오르다 계곡 옆 작은 돌무더기를 만나곤 했다. 아버지는 그 돌무덤을 지날 때 작은 소리로 '아가들아 잘 자고 있는가!' 혼잣말처럼 하셨다. 그 돌무더기는 애장터라 부르는 무덤이었다.

이스라엘 여행 중 홀로코스트 뮤지엄을 둘러보던 일이 생생하다. 2차 세계대전 나치 독일에 의해 희생된 6백만 명의 유대인 중 어린이들만을 위한 추모관을 관람했다. 추모관 입구를 들어서니 칠흑 같은 어둠이다. 천정은 검은 하늘처럼 보였고, 수많은 별이 반짝이고 있었다. 침묵이 에워싸며 안식의 자장가처럼 안온한 음악이 흘러나오고 있었다. 어린 영혼들의 눈동자처럼 보이던 불빛, 아이들의 숨소리 같은 진혼곡은 내 심장을 뜨겁게 했다.

정원에 서 있는 쉰들러 리스트 기념나무를 바라보는 순간, 평안과 안식을 느꼈던 시비가 서 있는 가로수 길이 열림을 느꼈다.

미세 먼지에 찌들어진 시비를 바라보며 생각만 앞선다. 장맛비가 주룩주룩 내리는 날, 비를 흠뻑 맞으며 시비를 깨끗이 닦는다면 내 마음에 묻은 때가 지워질까. 시비가 새 옷을 입은 그것처럼 빛이 날 때, 샘물 같은 시 한 편 태어날까.

1917년 12월 30일 윤동주 시인이 태어난 날이다. 그의 서시는 1941년 11월 20일에 쓰인 시라고 한다.

오랜만에 함박눈이 오는 날 운전을 하며 집으로 돌아온다. 시비가 바라보인다. 마치 환상처럼 어느 여인이 시비를 깨끗하게 닦고 있다. 씻을 수 없는 아버지를 씻기고 닦아드리듯 정성스럽게 시비를 닦고 있다.

> 시인의 -또 다른 고향-
>
> '가자 쫓기우는 사람처럼 가자
>
> 백골 몰래 아름다운 또 다른 고향에 가자'

윤동주 시인은 계명성과 같이 빛나는 시를 쓰고 가신 분이다. 쉰들러 리스트가 살아있는 육체를 살린 의인이었다면 윤동주 시인은 수많은 영혼을 이상의 나라로 인도해 준

안내자다.

고뇌와 잎새에 이는 바람결 같은 시심이 나의 찬 영혼으로 전해오는 시간이다. 그가 태어난 날에 내가 평온을 얻기 위해 그의 시비 앞에서 나만의 의식을 치렀다.

오른손이 왼손을

러시아 여행 중 상트페테르 부르크에 있는 세계 3대 박물관에 들어간다는 에르미타주 국립 박물관에 들어섰다. 명작을 감상하며 도저히 넘볼 수 없는 재능을 타고난 미술가들을 흠모해 본다.

많은 작품들을 감상하던 중 엄청난 무게의 그림 앞에 내 마음이 눌리기 시작했다. 렘브란트의 작품 중 걸작이라는 표현에 걸맞게 관람객을 압도하고 있었다. 성경 누가복음 15장 잃은 아들의 비유 '돌아온 탕자'를 그린 작품이다.

사람들은 이 그림을 세상에서 가장 아름답고 위대한 성

서화라고 말한다. 부모님의 조건 없는 사랑과 무한한 하나님의 사랑을 한 폭의 그림을 통해 펼치고 있기 때문이다. 성경의 내용이 그려지기 시작한다.

철없는 작은아들이 부유한 아버지에게서 분배 받은 재산을 다 탕진하고 흉년이 들어 돼지가 먹는 쥐엄 열매로 연명하다 누추한 행색으로 집으로 돌아온다. 아버지와 만나는 순간을 그린 그림의 주제다. 무한한 하나님의 은혜와 따뜻한 육신의 아버지의 사랑을 느끼며 내 무거운 어깨를 기대어 본다. 말할 수 없는 위로와 평안이 내 마음을 어루만짐을 느낀다.

해진 신발과 죄수같이 빡빡 자른 머리와 누더기 옷은 방탕했던 아들의 모습을 잘 표현하고 있다. 가이드의 설명이 없었다면 그림 속 아버지의 손을 예사롭게 생각할 뻔했다. 오른손은 부드럽고 왼손은 투박하다. 오른손이 온아한 모성의 손이라면 왼손은 강하고 힘있는 아버지의 손을 표현했다.

나의 오른손과 그림의 오른손은 대조적이다. 내 오른손은 왼손보다 많이 투박하다. 손이 쉴 때 내 왼손은 오른손을 늘 감싸고 있다. 무의식중에도 부드러운 왼손은 투박한 오른손을 숨기고 있다. 어린 시절의 내 모습과 결혼 후의 내 모습이 그림과 오버랩되기 시작한다. 마치 영화의 한 장면 아니 내 삶 전체가 그림과 주거니 받거니 물결치고 있다.

그림 속의 두 주인공 옆에는 불만이 가득한 모습으로 두 사람을 내려다보고 있는 맏아들의 모습이 두드러지게 보인다. 늙고 약해진 아버지 무릎에 얼굴을 묻고 꿇어앉아 있는 그의 동생을 매몰차게 바라본다. 그의 눈매에는 섭섭함과 질투, 공로의식이 짙게 나타나 있다. 동생을 정죄하지 않고 살찐 송아지를 잡으라는 아버지에게 불만이 가득한 모습이다. 열심히 맏아들 노릇을 한 자기에게는 염소새끼 한 마리 잡아먹으라며 인심 쓰지 않던 아버지가 원망스럽다는 표정이다. 어디 그뿐일까. 많은 재산을 탕진하고 돌아온 동생이 얼마나 얄미울까. 어쩌면 렘브란트는 아버지와 돌아온 탕자보다 맏아들을 더 강하게 표현하고 싶었는지도 모른다.

그림 속의 아버지의 얼굴 표정이 밝은 색채로 표현되어 있지만 마음은 어두운 것 같다. 잃었던 자식이 돌아와 기쁘기도 하지만 그 감동을 큰아들이 가로막고 있다. 함께 기뻐하지 않는 큰아들의 모습은 내면의 나의 모습이다. 자식에게는 본능적으로 아까운 것 없이 베풀고 싶다. 하지만 다른 일에는 손이 안으로 감긴다. 이만하면 되었다는 자만심이 내면에 자리잡고 불만이 싹트기도 한다.

하지만 내 헌신의 대가를 상으로 받았다면 이미 나의 공로는 사라지고 없는 것이다. 보이지 않는 내면의 세계에서 작은 빛이나마 찾으려 한다면 아무런 대가를 바라지 않고 베푸는 일일 것이다.

기도할 때의 손을 보면 오른손이 왼손 위에 겹쳐지고, 왼손은 오른손의 든든한 버팀목이 된다. 탕자의 누추함이나 맏아들의 우월감이 하나가 되어 조화를 이룬다. 그림 속 아버지의 힘줄이 두드러진 왼손의 강인함과 오른손의 인자함, 그 두 손처럼 조금 부드러운 왼손과 더 거친 오른손이 있었기에 나약하고 부족한 내가 이 척박한 땅을 딛고 살 수 있는 힘이 되었을 것이다.

늘 감추기만 했던 거칠어진 오른손을 부드러운 왼손으로 쓰다듬어 보는 시간이다.

물의 여행 1

소녀적 고향을 떠나 살던 때 예민한 사춘기 감수성 때문인지 밤이면 불면증에 시달리며, 학교에서는 공부에 집중할 수도 없었다. '나는 누구인가? 어디서 왔는가? 또 어디로 갈 것인가?' 많은 의문이 나를 혼란하게 만들었다.

보이지 않는 그 줄기를 찾으러 오늘도 나는 헤맨다.

그 줄기가 무엇이기에 꿈길에서도 그곳을 찾다 돌아오곤 한다.

큰 강가에 서 보았다.

경호강 줄기를 따라 거슬러 올라가 보기도 하고
되돌아 그 강물과 함께 내려오기도 했다.
일곱 살 그 자리에 서 있었다.
바보야! 그것은 한 방울의 빗물이야
네 집 앞 큰 산 덕두봉 꼭대기에 떨어진

어린 날의 편린은 내 감성의 원천이 되었다. 소녀적 부산에 살 때, 학교 친구들이 고향이 어디냐고 물을 때, 정말 힘들었다. 하루는 교회 모임에서 고향 얘기가 나와 울먹였던 적도 있었다. 누가 나를 슬프게 하는 것도 아닌데 내 고향을 서럽게 말하는 일이 마음이 시려오곤 했다. 고향을 말하는 순간 친구들에게 나는 이방인이 되기 때문이었다. 그런 날은 낙동강 하구 큰 강둑에 오도카니 앉아 있기도 하고, 포플러나무가 근위병처럼 서 있던 강둑을 혼자 걷기도 했었다. 외로움이 깊어질 때 찾아가는 곳은 낙동강이었다. 그 시절 자주 찾아가 긴 숨을 토해내던 강둑에 잎이 무성했던 포플러 나무의 흔들림도 그리움이다.

부산에서 고향 인월을 찾아올 때 진주를 지나 산청, 함양을 지나면 고도가 점점 높아진다. 해발 450m 경상남도와 전라북도의 경계 팔령고개를 지나면 '이곳은 전북입니다' 라는 안내판이 서 있는 곳이 내 고향이다. 풀잎 같은 여린 마음이 작은 나무로 자랄 즈음, 고향 집을 찾아온 내게 앞 냇물이 흘러가는 물의 여정을 알려 주겠다며 큰오빠와 작은오빠가 물의 여행을 제안했다. 마을 앞산에서 내려오는 작은 시내를 따라 떠나는 여행이었다.

내가 태어난 마을에서 바라보이는 삼봉산 물과, 아영에서 내려오는 풍천강, 운봉에서 흘러오는 람천강이 인월면 소재지를 지나며 제법 큰 강을 이룬다. 그 물은 실상사 부근에서 넓은 가슴을 보이다 산내를 지나며 비리내계곡의 신비로운 물과 시리도록 맑은 뱀사골계곡, 옥빛의 칠선계곡, 지리산 골골의 물이 어깨동무하고 내려오며, 덕천강이라는 이름으로 산청 경호강과 합류한다.

집 앞을 흐르던 냇물이 낮은 곳으로 흘러가고, 높아가는 팔령고개를 넘어올 수 없어 산청으로 흘러가리라고는 꿈에도 생각 못 했었다. 무엇이든 억지스럽지 않아야 한다는 것을 어쩌면 물의 길을 보며 배웠는지도 모른다. 고향의 작은 물줄기는 부산의 젖줄 낙동강으로 흐르고 있다는 것을 알았을 때 세상의 어떤 지원군보다 든든한 물의 대군을 얻었다. 내 고향의 청정한 물이 낙동강의 원류라고 크게 소리치고 싶었다. 도도히 흐르는 낙동강에 얼음같이 응

고된 마음을 흘려보냈다. 그렇게 고향을 가슴에 품고, 부산에서 50년 넘게 살았다.

이제 그 물줄기의 내력을 부산 지인들에게 얘기해 줄 수 있는 나이가 되어 다시 고향 산자락으로 돌아왔다. 다시 일곱 살 아이의 마음으로 삼봉산 물줄기를 매일 접하며 살고 있다. 고향에 돌아오니 이제는 부산이 그리워지는, 알 수 없는 것이 사람의 마음이다. 부산은 내 젊은 날의 흔적들이 수런거리는 곳이다. 어쩌면 태어난 고향보다 더 진한 그리움이 배어 있는 곳일지도 모른다.

매주 부산 가는 차창 밖으로 바라보이는 경호강은 오랜 가뭄으로 물줄기들이 메말라 가고 있다. 많은 자녀를 키워낸 어머니의 젖가슴처럼 안쓰러운 모습이다. 그래도 목적지를 향해 묵묵히 흐르는 강을 바라보며 넉넉한 비를 기다려본다. 우리의 삶은 떠났던 곳을 다시 찾아오기도 하고, 굽이굽이 돌아 되돌아가기도 하는 인생은 가없는 물의 여행이다.

나의 신앙 나의 문학

나는 6 · 25 한국 전쟁 다음 해 엄마 태중에서 불안과 공포를 느끼며 엎드려서 태어난 아이이다. 아버지는 엎드려서 세상에 태어났다고 '엎드릴 복伏 맡을 임任' 이라는 이름을 지어 주셨다. 납작 엎드려 파랗게 죽은 아이처럼 태어난 나는 매사에 자신감이 없고, 심장은 빠르게 뛰고, 머리까지 아픈 나약한 아이였다.

아버지는 퉁소를 불고, 시조를 읊으며 유유자적한 삶을 사셨다. 들녘에 피고 지는 꽃처럼 자연으로 돌아가셨다. 막내로 태어난 아버지는 유교 사상을 최고의 가치로 여기셨지만, 본인의 제사 음식은 식구들이 먹을 음식만 간소하게 하라고 유언하셨다. 어머니는 성정이 순한 아버지를 존경하며, 부지런히 사셨다. 아버지는 나의 간곡한 기도를 외면하며 '너는 너고 나는 나다' 하시며 본인의 믿음으로 사셨다. 어머니는 소천하시기 전 천국을 소망하시며 '저 건너편 강 언덕에 아름다운 낙원 있네' 찬송을 부르시며 천국으로 향하셨다.

지금도 일곱 살 무렵의 첫 기억은 나의 믿음을 다시 일깨우게 한다. 우리 동네에는 교회에 나가는 사람이 아무도 없었다. 어느 날 새벽 아버지가 혼자 하시는 얘기에 잠을 깼다.

"윗동네(성산리) 사람들은 멀리 있는 길을 걸어서 새벽 예배를 드리러 가는구나! 저런 신실한 사람들이 믿는 교회가 궁금하구나. 주일도 쉬지 않고 일하는 우리 동네 사람들보다 주일날 예배를 드리며 하루를 쉬는 성산리 사람들이 더 잘사는 것 같다." 나에게 하는 말씀으로 들렸다. 아버지는 그들의 믿음에 감명을 받은 듯 숙연해지시곤 하셨다. 아버지는 젊은 시절부터 카이제르 수염을 기르셨다. 반짝이는 그 수염을 엄지와 검지로 쓸어 올리시는 모습이 참 여유로워 보였다.

태어난 집 마당에서 바라보이는 '삼봉산' 봉우리에는 겨울에 내린 눈이 봄이 와도 녹을 줄을 모르고 흰 화관을 쓰듯 빛나고 있었다. 섣달그믐날 동네 어른들이 우물 청소를 하던 날, 오돌오돌 떨며 그 광경을 지켜보았다. 깨끗해진 샘물에선 세미한 물줄기들이 숨을 쉬듯 작은 파장을 일으키며 물이 차올랐다. 고요하고 신비로운 성소에 신의 은총이 내리듯, 그 샘에서는 하얀 김이 모락모락 피어나고 있었다.

그 신비로운 샘물이 있는 동네를 떠나 우리 집은 학교가 있는 면 소재지로 이사를 하게 되었다. 초등학교 3학년 무렵 성탄 축제연습을 하던 동생을 따라 처음으로 교회에 가게 되었다. 펑펑 쏟아지는 눈을 맞으며 눈사람처럼 교회당에 들어섰다. 강대상에 켜져 있던 촛불은 성스럽게 일렁이고 있었다. 빗자루로 흰 눈을 털어 주시던 주일 학교 선생님의 온화한 미소가 추운 몸을 따스하게 품어 주셨다.

그날 저녁 교회 가던 하얀 눈길은 마치 영원으로 이어지는 길처럼 하얗게 빛났다. 알싸한 향을 풍기던 주일 학교 여선생님처럼 아이들을 지도하고 싶었다. 중학교 때부터 결혼 전까지 주일 학교 교사로 어린이들을 지도했다. 작은 교회에서 오랫동안 풍금 반주도 하고, 성가대에서 40

년 넘게 찬양을 드린 일이 하나님께는 영광이요, 나에게는 큰 기쁨이다.

가끔 이런 생각이 들 때가 있다. '내가 하나님을 몰랐다면 어떤 삶을 살게 되었을까?' 72대째 내려오던 우리 집의 무속신앙은 나의 영혼을 늘 깜깜한 어둠 속으로 데려가곤 했다. 퇴색된 마루 문설주 위에는 김수로왕과 허황후의 초상화가 걸려있었다. 뒤란의 어두운 대밭은 근원도 알 수 없는 무서움에 떨게 했고 입술은 늘 파랗게 질려 있었다. 새벽마다 장독에 정화수를 떠 놓고 앞산을 향해 두 손을 모으던 어머니의 염원도 빠르게 뛰는 나의 심장을 느리게 하지 못했다. 함박눈이 펑펑 내리던 그 밤 교회에 가지 않았다면, 어둠에 눌린 나약한 몸과 영혼이 존재할 수가 있었을까….

어미 새가 새끼를 품에 안듯 그렇게 하나님의 품 안에서 성장한 나는 결혼 후 삼 남매를 출산했다. 6남매 맏아들인 남편과 한배를 타고 풍랑도 만나고 암초도 만났지만, 그때마다 하나님의 보호와 위로가 함께하는 삶이었다. 20년 동안 책방을 운영하며 삶의 기틀을 마련하게 되었다. 삼 남매를 연년생으로 출산하고 산후에 얻은 병은 삶의 의욕을 잃고 시든 풀처럼 살던 때도 있었다. 죽음의 문 앞에서 내

육체와 영혼까지 온전히 주님께 맡길 때, 말할 수 없는 평온이 찾아오는 놀라운 신앙의 힘도 체험할 수 있었다. 그 병고를 통해 면역력과 자연식품에 관심을 가지던 중 건강식품 사업을 시작하게 되었다.

그 사업을 통해 어릴 적부터 앓아오던 많은 지병이 사라지고 건강이 회복되는 기적도 허락해 주셨다. 자연치유력으로 몸에 생기가 살아난 것이다. 20년을 넘게 운영하는 사무실을 막내딸에게 맡기고 평안하기만 하던 2018년 11월 26일 오전, 사무실 남향 창으로 따스한 늦가을 볕이 들어오고 있었다. 따뜻한 차 한 잔을 마시며 거리를 바라보고 있었다. 노랗게 물든 은행잎이 바람에 떨어지고, 바쁘게 오가는 사람들을 바라보며 '살다 보니 이렇게 한가한 시간도 있구나!' 하며 쉬고 있을 때, 휴대전화가 울렸다.

"사장님. 집에 불났어요. 얼른 가 보세요."

지금 살고 있는 집을 소개해 준 부동산 여사장의 목소리였다. 침착한 마음으로 20여 분 차를 운전해 가는 동안 불안이나 두려움보다 기도할 수 있는 마음을 주셨다. 내 일이 아닌 먼 곳에서 일어난 일처럼 느껴지는 마음이 참으로 이상스러웠다.

집에 도착하니 이미 불은 꺼져 있었고, 소방대원들과 경찰관이 숨을 고르고 있었다. 사업장에 있던 남편과 막내 딸이 도착했다. 다행히 이웃에 사는 젊은이가 창문이 깨지며 터져 나오는 불길을 본 순간 119에 신고를 했고, 5분 만에 도착한 소방대원들이 큰 불길을 막을 수 있었다. 가장 피해가 심한 곳이 부엌과 거실이었다. 불을 끄고 쏟아진 물이 지하 차고에 고여 있었다. 그 검은 물을 퍼내며, 지옥에서 보낸 선물처럼 검은 연기에 그을린 가재도구들을 바라보며, 참회의 기도와 영혼의 찌던 때를 씻어내는 시간이 되었다.

저녁에 남편과 이층으로 올라갔다. 남편과 두 손을 잡고 기도를 드렸다. 남편은 기도 중에 불난 집이 교회로 세워지는 환상을 보았다며, 이 집을 교회로 드리고 싶다고 확신 있게 말했다. 나도 "아멘"으로 답했다. 내 생각보다 남편의 의중이 중요했다. 오래전 이 집을 살 때 '주님! 좋은 집을 구해 주세요. 주님이 기뻐하시는 일에 쓸게요.' 나 혼자 얘기하듯 한 기도지만 하나님께서 이미 나의 서원을 들으시고, 교회로 쓰기 위해 넓은 집과 종려나무가 있는 정원까지 주셨다는 생각이 들었다.

아들이 유치원 다닐 무렵이었다. 책방을 운영하며 경제

적으로는 어려움 없이 살았지만, 육신의 고통으로 힘든 시기였다. 삼 남매를 키워야겠다는 일념으로 하나님께 매달리며, 꺼져가는 촛불처럼 살던 때였다. 며칠을 고열에 시달리며 밤을 새우기도 했다. 병원에서는 합병증이라 방법이 없다고 했다. 내 생명이 마지막이라는 생각이 들었다. 초등학교 1학년인 큰딸 침대 밑에 엄마의 유언 같은 편지를 써 두기도 했다. 신우신염, 당뇨 합병증으로 몸은 불덩이 같았다. 몸은 사시나무 떨리듯 떨렸다.

그날 저녁 남편은 두꺼운 이불을 나에게 덮어주며 따뜻한 물을 마시게 했다. 남편이 성경 시편 1편을 낭송하듯 차분하게 읽어 주었다. "복 있는 사람은 악인의 꾀를 쫓지 아니하며…." 그 말씀은 따스한 물이 내 몸에 스며들 듯 영혼 깊이 스며들었다. 성경의 축소판 같은 그 말씀은 나를 영원한 안식의 나라로 인도해 주는 것 같았다. 그 밤 깊이를 알 수 없는 심연 속으로 내려가 내 몸과 영혼은 깊은 수면으로 빠져들었다. 얼마를 지났을까. 고요한 중에 현실처럼 한반도 지도가 파노라마처럼 펼쳐졌다. 한반도의 중앙 삼팔선이 선명하게 보였다. 그곳에 유치원생인 아들이 장성한 모습으로 한복 두루마기 정장을 입고 서 있는 모습이 보였다. 잠시 후, 가죽 성경을 오른손에 들고 삼팔선을 지나 당당히 북녘땅으로 걸어가는 모습이었다. 밤색 두루마기에 흰 동정 깃도 선명했다.

꿈이지만, 현실보다 또렷하게 보이는 현상은 온몸에 전율이 일었다. 뚜벅뚜벅 걸어가는 아들의 뒷모습을 망연히 바라보다 누웠던 자리에서 벌떡 일어났다. 온 식구들이 곤히 잠든 새벽녘이다.

며칠을 고열로 헛소리까지 하던 내가 멀쩡한 몸으로 아침을 준비했으니, 믿을 수가 없는 일이었다. 북녘땅을 향해 걸어가는 모습은 무엇을 의미하는 꿈일까. 그 꿈을 나 혼자의 비밀로 간직한 채 살았다. 그 꿈은 아들이 장성할 때까지 잊고 살았다. 어쩌면 외면하고 싶었는지도 모른다.

아들이 음악가의 길을 가도록 첼로를 공부하게 했다. 예고와 음대를 졸업하고 독일 유학 중 주님의 거부할 수 없는 부르심으로 신학 공부를 시작하게 되었다. 머나먼 미국 땅에서 목사 안수를 받던 날 주님 앞에 무릎을 꿇는 아들을 보며, 주님이 부르시면 순종해야 하는 길이라는 것을 깨달았다.

몇 년 전, 내가 태어난 고향에 사과밭을 샀다. 불이 난 집을 비워두고 피난 오듯 이곳으로 이사를 왔다. 남편과 사과나무를 가꾸는 언덕은 해발 600M 고지에 있는 삼봉산 자락이다. 작은방 창문을 열면 내가 태어난 고향 마을 뒷산에 있는 부모님 산소가 보인다. 거실 창문쪽으로 이성계 장군이 왜적을 섬멸한 황산荒山이 보인다. 그 산은 거대한 장군의 얼굴 모양을 하고 누워있다. 면 소재지 인월은 이성계 장군이 왜구를 물리쳐 대승을 거둔 '피바위'와 가까운 운봉에 황산대첩비가 있다. 하늘에 기도하여 구름에 가린 달을 끌어내어 그 밝은 달의 기운을 받아 대승을 거두어 인월引月이라는 역사적인 지명을 가진 곳이다. 보름달이 떠오르는 삼봉산은 신비로운 선경을 선물하는 달빛고원이다. 어린 시절 늘 따라다니던 덕의 우두머리 덕두산도 빙그레 웃으며 쳐다본다. 그리워했던 모든 사물이 눈앞에 동화처럼 펼쳐지는 곳이다.

귀농 5년째 감사와 기쁨으로 살고 있다. 홍로 사과는 꽃이 많이 피는 품종이라, 꽃을 따는 일손이 많이 필요하다. 사과꽃이 피는 설렘을 바람결에 날려 보내고 나면, 꽃이 떨어진 화관에 콩알만 한 사과 열매들이 총총히 달린다. 수많은 들러리 열매를 모두 따내고 가지 끝에 토실한 열매 하나씩만 남겨 두는 일이 적과다. 그 작은 열매들을 솎아내며 내 안에 헛된 욕망을 소멸시키는 일도 작은 깨달음이다. 맛있고 좋은 사과를 키우는 일은 손이 많이 가고 정성이 들어가는 일이다. 열매가 커가는 기쁨을 누리며 사과나무와 교감하는 시간은 나만이 누리는 기쁨이다.

2014년 늦은 나이에 《수필과 비평》에 '흔적'이라는 작품으로 등단했다. 우리 집 거실에 걸려있는 두 점의 그림이 주제가 된 수필이다. 젊은 날의 그림 속에는 아늑하고 평화로운 언덕이 펼쳐져 있고, 아담한 교회당 옆에는 종탑이 세워져 있다. 저물녘 종소리가 은은히 울려 퍼지면 마음의 풍랑을 잠재우는 묘약 같은 그림이다. 그림 속의 교회는 주님께 바치고 싶었던 내 믿음의 표상이 아니었을까.

또 한 편의 그림은 중년 이후의 그림이다. 그 그림은 바람에 풍화되고 햇볕에 산화되어가는 나룻배 그림이다. 그 그림은 잘 정돈된 서가를 바라보듯, 내 내면의 세계를 정리해보는 묵상의 시간이 되기도 한다. 사라짐의 세계로 침잠해 들어가는 그 그림은 흔적마저도 바람처럼 사라져 간다는 이치를 깨닫게 해준다. 두 점의 그림은 나의 정신세계와 물질관이 투영된 수필이라고 할 수 있다.

불이 난 집으로 인해 미국에서 사역하던 아들이 귀국

하게 되었다. 불에 탔던 집 내부는 아담한 교회로 개조되었다. 목련 나무가 있는 집을 '모퉁이돌교회'라는 이름으로 올려 드렸다. 코로나19로 인해 주위에 알리지도 못하고 가족들이 모여 조촐한 헌당예배를 드리며 가슴 뭉클함을 느꼈다.

2019년에는 부산 문화재단 지원금으로 첫 수필집 《목련 나무가 있는 집》을 발간했다. 이 모든 기쁨을 주님께 올려 드렸다. 첫 수필집을 들고 부모님 산소에 갔다. '복임아! 하나님 앞에 늘 엎드려 살아야 한다.' 하시던 어머니 말씀이 나직이 들려오는 것 같다. 주일이 오면 남편과 함께 부산 모퉁이돌 교회로 예배드리러 간다. 어디서 예배를 드려도 하나님은 계시지만 교인이 없는 교회에 우리라도 자리를 채우고 싶은 마음에서다.

삼봉산 자락에서 흐르는 물은 높은 산을 돌고 돌아 산청 경호강을 만나 진주 남강을 지나 낙동강으로 합류한다. 그 물을 따라 예배드리러 가는 마음은 어린 시절 하얀 눈길을 따라 처음 교회에 가는 순간처럼 가슴 벅차다.

35호 크리스천 문학 수록작품

평론

| 평론 |

일상, 새롭게 보기 낯설게 걷기

– 『아버지의 우물』에 담긴 서정과 서사 –

김종희(미학자)

1. 열면서

어떤 언어는 비늘처럼 감성을 일으키고 어떤 언어는 물오른 어린가지 봉곳한 눈처럼 온다. 또 어떤 언어는 해거름 산란하는 빛으로 흔들리고 어떤 언어는 윤슬처럼 떠 있다. 언어는 그 언어를 품은 사람의 온기와 정감을 담아 드러나기 때문이다.

글은 삶의 얼룩에서 나온다. 특별한 이야기를 화려하고 아름답게만 장식해나가는 언어가 아니라 평범한 일상어들로 표현된 것, 그러면서도 진솔하게 삶의 진실성과 문학의 진정성을 담을 때 그 글은 독자의 가슴 깊이 다가간다. 가령, 사랑하는 사람이 생길 때 마음은 그 대상을 향하여 쉬지 않고 움직이듯 대상을 향해 깊숙이 스며드는 것이다.

그럴 때, 글을 쓰는 사람은 세상이라는 바다에 그물을 던지는 어부와 같다. 활어처럼 살아 퍼덕이는 언어를 직조하는 어부이다. 때로는 기둥 하나 박을 곳 없는 허공에 촘촘히 쳐놓은 거미줄에 걸려드는 언어를 움켜쥐고 허물어지도록 지켜보기도 해야 한다. 대상을 바라보는 1차적 경험으로부터 출발하여 마침내 수필이라는 숲에 들기까지 수필가의 감성과 지성은 끊임없이 첨벙거린다. 김복임 수필 『아버지의 우물』에 담긴 서정과 서사, 그 가운데 첨벙거리는 은유는 삶의 보편성에서 길어 올린 시니피에다.

책의 첫 문장과 마지막 문장이 주는 묘한 여운은 바로 작가의 맥락이라 할 수 있다. 독자는 작가의 맥과 작품의 맥락을 걸으며 그의 사유를 들여다보는 행운을 거머쥐는 것이다. 아니 문장을 여행하는 것이다.

'마지막 기차를 놓칠 수 없다'로 연 시작 문장과 '삼봉산 자락에서 흐르는 물은 높은 산을 돌고 돌아 산청 경호강을 만나 진주 남강을 지나 낙동강으로 합류한다. 그 물을 따라 예배드리러 가는 마음은 어린 시절 하얀 눈길을 따라 처음 교회에 가는 순간처럼 가슴 벅차다' 로 귀결되는 마지막 문장에서 삶을 바라보는 작가의 시선을 만날 수 있다.

2. 여행의 은유, 낯설게 보기

즐거움을 추구하는 것이 인간의 삶이라면 감각과 정서의 즐거움을 동시에 채워주는 것이 또한 여행이다. 여행은 익숙한 것으로부터 벗어나 이방인으로 걸어가는 길이다. 그 과정에서 깊어지는 사유는 나를 발견하는 눈이 되고 나아가 세계를 바라보는 새로운 창을 열어간다. '우리의 삶은 떠났던 곳을 다시 찾아오기도 하고, 굽이굽이 돌아 되돌아가기도 하는 인생은 가없는 물의 여행이다 〈물의 여행1〉'는 작가의 말처럼 시간과 공간의 이행에서 만나는 관조를 통해 사람도 성장하는 것이다.

> 저물녘 호수의 끝자락은 원근법의 대비가 극대화된 그림처럼 아득하게 펼쳐진다. 뒤뚱거리며 다가오던 오리 떼도, 형형히 빛나던 수면 위의 물빛도, 어둠 속으로 침윤되어 가고 있다. 장엄한 음악의 여운처럼 주위의 풍광을 감싼 호수는 깊은 안식에 들었다. (중략) 짧은 우리의 생 앞에서 무한한 생을 사르고 있는 자연 앞에 마음의 액자 하나 건다.
>
> — <보히니 호수> 전문

물이 가지는 상징성은 생성과 정화이다. 또한 물은 속성은 흘러감이다. 물은 깊은 웅덩이를 채우고 높은 산을 휘돌아 낮은 곳으로 낮은 곳으로 흘러간다. 생명체의 생명작용을 하면서도 자신을 드러내지 않는 미덕이 있으며 물은 역행하지 않는다. 그러한 물처럼 작가의 시선도 쉽없이 흐른다. 정주하지 않는 시선이 발견한 낯선 세계, 여행은 날선 인식으로 사물을 새롭게 보게 하는 것이다.

김복임 수필가에게 여행이 가지는 의미는 일상을 벗어난 또 다른 일상이다. 여행이라는 낯선 세계에의 1차적 경험으로부터 인식의 발견에 이르는 과정에는 응시가 있다. 작가는 응시를 통해 대상 속으로 들어가며 마침내 대상과 조우하는 것이다. 그 순간이 몰입이다. 몰입은 대상과 나 사이의 간격을 없애면서 익숙함으로부터 벗어나 낯선 풍경을 만들어간다.

〈보히니 호수〉의 맥락 속에는 밝음과 어둠의 다양한 층위가 만들어가는 경계에서 마주한 세계는 성찰이다. 김복임 수필의 특징은 이 지점에 있다. 앞모습이 아닌 뒷모습이 보이기 시작할 때 사랑은 더욱 깊어지듯 저만치 앞서가는 남편의 뒷모습을 보며 어린 날의 아픔을 본다. '겨울이면 이 호수는 눈부시게 반짝일 것이다. 희고 고요한 세상,

총총히 빛나는 별빛, 트라글라브 설산 위로 반달이 떠오르면, 연을 날리고 있는 소년에게 씽긋 웃을 것 같은 반달, 시리고 고달팠던 그의 소년 시절이 아름다운 호수 위로 되비쳐 그의 은발처럼 빛날 것이다.'는 시선과 언어에 스며든 메타포로 물무늬 같은 여운을 안긴다.

한편, 작가의 시선은 수면에 정주하지 않고 다시 확장한다. 어둠에 침윤되는 호수에서 장엄한 음악을 보는 것이다. 가장 위대한 음악은 자연이라 했듯이 유위有爲 속에 무위無爲를 기어이 찾아내는 작가의 응시는 마침내 독자를 그의 세계로 끌어들이는데 성공한다.

> 노을 진 서녘 하늘엔 누렇게 익어가는 광활한 밀밭의 풍경이 펼쳐지고 있다. 황금빛 하늘 끝자락에 붉은 옷소매처럼 이어지는 아르노강의 노을은 절정에 이른다. 불현듯 엄마의 얼굴이 떠오른다. 아름다운 풍경이나 맛있는 음식을 대할 때 그리운 사람이 떠오르는 것은 본능일까.
>
> — <베키오 다리위에서> 전문

낯선 도시에서 익숙한 풍경으로 걷는 것은 가슴에 품은 그리움이 있기 때문이다. 그것은 밖으로 향한 눈이 내면으로 향할 때 만나는 어떤 충만이기도 하다. 이럴 때 여행은 내면으로의 길 찾기이다. 발로 걷는 여행이 아니라 내면으로 향한 의식의 여행은 때로 상상력을 만들어간다.

'노을 진 서녘 하늘엔 누렇게 익어가는 광활한 밀밭의 풍경이 펼쳐지고 있다. 황금빛 하늘 끝자락에 붉은 옷소매처럼 이어지는 아르노강의 노을은 절정에 이른다. 불현듯 엄마의 얼굴이 떠오른다. 아름다운 풍경을 만나면 그리운 사람이 생각난다.' 김복임 수필의 서사는 교직된 서정을 통해 삶의 가치를 증폭시킨다. 켜켜이 쌓인 시간의 결로 흐르며 물이 가지는 정화의식으로 끊임없이 자정작용을 하는 글쓰기의 전형을 보여준다 하겠다,

중턱에서 정상까지 메밀꽃 같은 들꽃이 여린 몸짓으로 안개처럼 흐르고 있다. 애써 아픈 기억들을 잊으려는 듯 흰 손수건을 흔드는 것 같은 애잔함이 절절하게 다가온다. 건물 곳곳에 검버섯처럼 남아 있는 총탄 자국들은 아직도 그 아픔을 전하고 있다. 무엇이 그들에게 위로가 될까. 모스타르 다리를 그린 그림 하나를 사며 이곳이 영원한 평화의 다리가 되어 지상의 낙원이 되기를 소망해본다.

여행이란, 낯선 곳을 찾아 떠나는 것이라기보다, 오랫동안

묵혀 두었던 묵은지 맛 같은 그리움을 찾아 그 맛을 음미하는 것이다. 오랫동안 빨아 입지 못했던 옷을 깨끗이 빨아 다시 입을 때 그 상쾌함 같은 느낌이랄까. 막상 떠나려고 할 때 두렵기도 하고 성가시기도 하다. 마치 빨래를 할 때 비누질을 하고, 비비고, 헹구다보면 점점 맑아지는 청량함이다. 깨끗이 헹군 빨래가 밝은 햇볕과 시원한 바람에 말라, 그 빛나는 옷을 입고 떠나는 것이 여행이다.

— <발칸반도> 전문

여행에 대한 작가의 사유를 만나는 대목이다. '여행이란, 낯선 곳을 찾아 떠나는 것이라기보다, 오랫동안 묵혀 두었던 묵은지 맛 같은 그리움을 찾아 그 맛을 음미하는 것이다. 오랫동안 빨아 입지 못했던 옷을 깨끗이 빨아 다시 입을 때 그 상쾌함 같은 느낌이랄까' 결국 여행이란 나를 찾아가는 여정이랄 수 있겠다. 글쓰기란 나를 발견하는 힘이다. 아니 나를 들여다보는 창이다. 그것은 사유의 시원을 찾아가는 일이다. 현상에 매몰되지 않고 화초를 가꾸듯이 나를 가꾸는 것이 글쓰기의 묘미랄 수 있겠다.

김복임의 수필의 지향점은 단순한 것이 품은 위대성을 발굴하는 데 있다. 다시 말해 '사소한 것은 위대한 것이다'

는 가치의 발견이다. 지극히 평범한 일상의 빨래하기를 여행의 이미지로 치환하고 빨랫줄에 가실하게 말라가는 옷들에게서 바스락 소리가 들려올 것 같은 그림을 그려내는 것이다. 그런 까닭으로 그의 여행 수필은 단지 기행문이 아니라 일상의 발견에 있다. '마치 빨래를 할 때 비누질을 하고, 비비고, 헹구다보면 점점 맑아지는 청량함이다. 깨끗이 헹군 빨래가 밝은 햇볕과 시원한 바람에 말라, 그 빛나는 옷을 입고 떠나는 것이 여행이다.'는 문장 속에서 호모비아토르의 메타포를 본다.

> 산 중턱에 사는 나는 물소리를 듣기 위해 내려가기도 하고, 산을 향해 올라가기도 한다. 부활의 화신처럼 피어난 새순과 꽃들이 황홀하다. 하지만 내 마음을 사로잡는 건 계곡에서 흘러오는 물소리다. 물이 흘러가는 모습을 바라보며 하염없이 앉아 있는 시간은 세상 속의 시간이 아닌 영원을 향한 여정이다.
>
> — <물의 여행 2> 전문

한편, 〈물의 여행 2〉에서는 산과 물의 서로 다른 이미지의 중첩을 통해 흐른다는 것의 의미를 더욱 강조한다. 물이 흐르듯 삶도 흘러야 한다. 삶은 명사가 아니라 동사인 이유도 여기에 있다.

> 어느 나라를 여행할 때, 그 나라를 가로지르는 강을 바라볼 때가 가슴 벅차다. 아직 가보지 못한 '아무르강의 물결'을 들으며 그 검은 강을 여행하는 상상을 하기도 한다. 좋아하는 '몰다우'를 들을 때면 체코 프라하 카를교 위에서 바라보던 몰다우강이 음악처럼 흐르던 풍광을 잊을 수가 없다
>
> — <물의 여행 2> 전문

물이 있는 곳에 사람이 모인다. 사람이 모여 마을을 만들며 사람의 이야기는 문화를 열어간다. 문명의 발상지도 강이었다. 수필가 김복임이 응시하는 강은 그림처럼 듣고 음악처럼 보는 문명이자 문화이다. 보는 대상으로서의 문화가 아니라 관조의 대상으로서 문화, 나아가 발견으로의 물을 인식한다. 그런 까닭으로 수필가 김복임은 발견자의 대열에 선다.

하나의 언어에는 그 언어가 걸어온 역사가 담긴다. 마찬가지로 강은 물의 길이 지나온 여정에서 만난 이야기를 품는다. 그래서 물길은 음악이 되고 이야기가 된다. 이야기

가 많은 나라, 이야기가 많은 사람에게는 사람들이 스스럼없이 다가간다. 이야기는 생명이다. 이야기를 품은 강처럼, 강의 이야기를 읽어낸 김복임의 수필은 그런 까닭으로 생명성을 획득한다.

3. 일상의 은유, 새롭게 보기

공간의 이동, 경계를 넘어선 여행도 있지만 일상으로 걷는 여행도 있다. 일상이 여행이 되기 위해서는 무엇보다 새롭게 보려는 노력이 요구된다. 어제와 다름없는 길을 걷지만 문득 오늘, 피부에 내려앉는 햇살의 감촉이 다르고, 머리카락을 빠져나가는 바람의 결이 다르게 느껴지는 순간에 우리의 의식은 흔들리며 깨어난다. 즉 주체적 존재로서 살아있음을 인지하는 것이다.

일상이 새롭게 다가오기 시작하는 것, 그리하여 익숙한 것들이 낯설기 시작할 때 우리는 대상에 귀기울인다. 자세히 들여다보고. 상상해보면서 질문을 던지기 시작한다. 수필은 그렇게 시작된다. 수필쓰기의 바닥에 사유가 퇴적되는 것은 질문하기 때문이다. 그 순간 일상은 일탈이 된다. 일탈은 비상하는 힘이다. 아니 대상을 발견하는 눈이다. 김복임 수필은 날마다 오가는 길 위에서. 눈뜨면 마주하는 주변 환경을 새롭게 보고 낯설게 걷는 중이다.

마치 끝없는 길을 가고 있는 것 같다. 눈앞에 망망한 부산 앞바다가 펼쳐져 있어, 푸른 하늘과 바다가 바로 손에 잡힐 것 같은 길이다. 지긋지긋한 가난이 묻어 있고 슬프고 고단함이 그대로 드러나는 길이다. 때로는 감추고 싶은 상흔 같은 그래도 걷고 싶은 길이다.

아래에서 올려다보면 숨이 턱 막히고 위에서 내려다보면 아찔하게 보이는 계단. 수도가 들어오기 전 계단 밑에 있는 물을 길어 와야 했던, 저승 가기보다 힘들다고 해서 '하늘 계단' 이라고도 불렀다는, 천근만근 같은 삶의 무게와 시간을 명징하게 보여주는 길이다.

— <망양로> 전문

타인의 고통이 나의 고통으로 다가올 때 연민이 시작된다. 우리는 타인의 고통으로부터 자유로울 수 없다. 사람이 아름다운 이유도 여기에 있다. 혼자서 아픔을 견디어 내야 할 때 사람은 외롭다. 외로움을 치유 받을 수 있는 것은 결국 사람의 정이다. 작가는 망양로에 '거미줄처럼 연결된 계단을 오르며' 스스로를 위로받는다. 들여다보면 고난 없는 삶이 어디 있던가. 어떤 고통의 벽 앞에서 돌아가서기보다는 걷고 또 걸어냈던 작가의 삶은 수필이라는 견고한 토양이 되었다.

동족상잔의 비극으로 피난민들이 북새통을 이루며 허기진 삶을 이겨낸 망양로는 대한민국의 대로이며 부산의 큰 지붕이다. 피난민들에게 집 없는 설움, 배고픔의 설움, 생이별의 아픔을 보듬고 달래준 어머니의 품과 같은 길이다. 폭풍과 비바람을 막고 덮어 주었던 길을 걸으며, 큰 아픔을 지닌 이들을 생각하면 나의 작은 슬픔과 이루지 못한 꿈은 바다에 흘려 보낼 일이다.

낡고 작은 집 앞의 한 점 꽃이 내 눈을 맞춘다.

— <망양로> 전문

어린 나무는 묵은 나무를 뿌리로 성장하듯이 과거 없는 현재는 없다. 지독한 가난과, 앞을 알 수 없는 막막함 속에서도 우리가 살아낼 수 있었던 것은 어머니라는 토양이 있었기 때문이다. 온갖 생명을 속으로 품어 키워낸 어머니로서 땅은 자식들의 길을 열어두기 위해 풍상을 온몸으로 받아낸다. 오직 자식이라는 지게를 지고, 자식이 걸어갈 길을 다지고 또 다진다.

파편처럼 지나고 말 풍경을 삶의 언어로 포착한 수필가 김복임의 응시다. 수필은 대중성을 지향하고 시장성을 좇는 문학이 아니다. 수필은 내 사유의 결을 타는 일이기 때문이다. 밖으로 향했던 눈을 내 내면으로 돌리는 과정의 고뇌와 내 안의 나를 마주한 때의 고독을 나의 언어로 부려 쓰는 문학이기 때문이다. 그런 까닭으로 수필은 나로부터 출발하는 문학이다. '나-주변'의 관계를 발견하는 수필, 김복임 수필이 주는 묘미이다.

> 그해 들판은 어머님과의 교감으로 가을볕은 마냥 따습기만 했다. 가을걷이가 끝난 들녘에 서 본다. 그곳에 서면 이 땅의 많은 어머니의 숨결이 들려오는 듯하다. 땅 내음을 맡으며 어머니들의 체취를 느껴보곤 한다. 한숨과 기쁨이 어우러진 들녘에 서면 심오한 소리가 들려오는 듯하다.
>
> 마치 땅 울림소리 같은….
>
> — <들녘에 서서> 전문

땅은 어머니다. 그러나 때로는 어머니에게 자식이 땅이

되기도 한다. 그럴 때 어머니는 자식이 펼쳐갈 새로운 세계를 위해 기꺼이 씨앗이 된다. 씨앗이 된 어머니가 피워내는 생명의 이글거림에 자식은 지평을 넓혀간다. 사물의 존재방식은 결국 관계의 그물이다. 부모 – 자식이라는 그물, 부부라는 그물, 나와 세계라는 그물 속에 살아간다.

> 부산에 이사를 와서 살던 집에도 마치 우연처럼 샘물이 있었다. 정 붙일 곳 없는 객지 생활이지만 펌프질을 하면 퍼 올릴 수 있는 우물이 있어 그나마 위안이 되었다.
>
> 아버지는 고달픈 삶 속에서 모든 것을 내려놓고 초연하게 여유로움을 찾으려고 애쓰는 모습이 역력했다. 퉁소도 부시고 시조도 읊으며 유유자적하던 모습이 그나마 위로가 되었다. 펌프관의 물이 쭉 빠져 펌프질을 아무리 해도 물이 나오지 않을 때, 아버지의 빈 마음이보이는 것 같았다. 하지만 펌프에 물만 부어주면 깊은 물을 끌어올리던 마중물처럼 아버지는 늘 긍정적이고 낙천적인 모습으로 곧게 서 있었다.
>
> — <아버지의 우물> 전문

마른 펌프를 길어 올리는 마중물처럼 아버지는 자식의 길에 마중물로 존재한다. 어쩌면 아버지의 존재는 거룩한 이방인지도 모른다. 가족의 안과 밖을 지켜내지만 안에 있어도 밖에 있는 사람이 아버지이다. 아니 자식의 밖에 있으면서도 심초석으로 존재해 주어야 한다. 존재방식에 대한 사유는 〈콩나물 대가리〉에서 정점을 이룬다.

> 콩나물을 물에 담그고 말았다. 감투처럼 대가리에 깍지를 덮어쓴 콩나물이 오롯이 모여 나를 쳐다본다. 두세 번 씻어도 깍지를 제거하는 일이 쉽지 않다. 물에 떠오른 깍지를 조리로 건진다. 그래도 대야 밑에 콩나물 대가리가 샛노랗게 가라 앉아 있다. '나를 버리지 말아 주세요' 하며 쳐다보는 모습이 애처롭다
>
> 콩나물을 가리다 보니 음표를 콩나물 대가리라고 하는지 이해가 된다. 모자를 덮어쓴 검은 콩나물을 거꾸로 세워보니 8분음표, 꼬리가 두 개 달린 건 16분음표, 세 개가 달려 머리를 산발한 녀석은 32분 음표다. 꼬리를 자르고 보면 줄기하고 머리가 있는 녀석은 2분음표, 머리만 남은 것은 온음표다.
>
> — <콩나물대가리> 전문

언어적 존재로서 우리는 날마다 다양한 낱말을 만나, 다양한 문장으로 말을 하면서 관계를 만들어 간다. 말은 낱

말의 무덤을 나와 그것을 사용하는 사람의 심미관에 버물려 타인에게로 건너간다. 이때는 말소리만 건너가는 것이 아니라 발화자의 지성과 감성도 같이 흘러간다.

우리가 살아가는 세계는 다양한 관계들로 복잡하게 얽혀 있다. 그러나 복잡계를 가만히 보면 프랙탈 구조라는 유사한 패턴의 규칙성을 발견하게 된다. 다양한 문화 현상이 만들어가는 가장 작은 패턴은 사람과 사람의 관계를 맺어가는 낱말이다. 말의 씨앗이 되는 낱말, 그 낱말이 압축파일처럼 품은 깊이를 들여다보는 일은 말의 원형을 만나는 것이다.

콩나물을 다듬으며 수필가 김복임은 음의 세계를 만난다. 콩이라는 온음표가 풀어내는 4분 음표, 2분 음표, 8분 음표 32분 음표까지 나아가 마침내 합창의 하모니까지 의미를 확장해 나간다. 드러나지 않는다고 하여 없는 것이 아니다. 저마다의 존재방식은 다르지만 존재하는 것은 모두 이유가 있다. 어느 위치에서는 '답게' 자신의 역할을 하는 것이야말로 하모니를 이끌어 낸다. 여기에 수필가 김복임의 철학이 내재되어 있다. 사물을 허투루 보지 않는 응시의 자세를 볼 수 있으며 대상을 향한 자세히 보기와, 상상하기, 질문하기를 통해 수필로 완결해간다. 이러한 응시는 수필가들이 가져야 할 중요한 덕목이다. 목적지를 향해 묵묵히 흐르는 강처럼 김복임의 수필도 새롭게 보고 낯설게 걸으며 묵묵히 흐른다.

4. 닫으며

세상에 얼굴을 내밀기 전의 글을 먼저 읽는 것은 행운이다. 작가가 사용하는 언어 속에 담긴 그의 결을 누구보다 먼저 만나기 때문이다. 더러는 겨울배추에 녹은 서리처럼 아삭하고, 더러는 잇몸을 드러낸 파도처럼 알싸하고, 더러는 난분분 흩어지는 봄날의 향연을 만난다. 아무도 가보지 못한 사막으로 연필심 꾹꾹 찍으며 처음을 읽는 것은 아무도 걷지 않는 눈밭을 마주한 희열과도 같다.

살아있다는 것은 부지런히 걷는 것이고, 걷는다는 것은 여행이다. 여행하는 삶, 호모 비아트로의 걸음을 통해 수필가 김복임이 발견하는 일상은 소소한 것의 아름다움에 있다. 삶이 아름다운 것은 발견이며 또한 성장이다. 그 과정에 빠질 수 없는 것이 성찰이다. 그 세 지점이 있기에 일상의 글은 수필이라는 문학성을 획득한다. 『아버지의 우물』에서 주목한 김복임의 세계는 서사의 우물에 첨벙거리는 서정이다. 흐르는 강물처럼 삶도 흘러야 한다. 일상의 언어로 길어 올린 웅숭깊은 세계는 새롭게 보고 낯설게 걸음으로써 작가 의식을 담아낸다.

김복임 수필집
아버지의 우물

인쇄 2023년 12월 25일
발행 2023년 12월 29일

지은이 김복임
발행인 서정환
펴낸곳 수필과비평사
주소 서울시 종로구 삼일대로 32길 36(운현신화타워 빌딩) 305호
전화 (063) 275-4000
팩스 (063) 274-3131
이메일 essay321@hanmail.net
출판등록 제300-2013-133호
인쇄 · 제본 신아출판사

ISBN 979-11-5933-503-7 (03810)
값 13,000원

Printed in KOREA

※ 이 책은 남원시 문화예술 육성지원금을 지원받아 발간되었습니다.